延安精神及其当代价值丛书 ｜ 王宏波 陆卫明 主编

任培秦 樊美玲 孙梓 著

延安精神与从严治党

中国社会科学出版社

图书在版编目（CIP）数据

延安精神与从严治党/任培秦，樊美玲，孙梓著．—北京：
中国社会科学出版社，2018.11（2019.11重印）

（延安精神及其当代价值丛书/王宏波，陆卫明主编）

ISBN 978 - 7 - 5203 - 0160 - 2

Ⅰ.①延…　Ⅱ.任…②樊…③孙…　Ⅲ.①延安精神—研究
②中国共产党—党的建设—研究　Ⅳ.①D648.4②D26

中国版本图书馆 CIP 数据核字（2017）第 080231 号

出 版 人	赵剑英
责任编辑	蔡　莹
责任校对	周晓东
责任印制	王　超

出　　版	中国社会科学出版社
社　　址	北京鼓楼西大街甲 158 号
邮　　编	100720
网　　址	http://www.csspw.cn
发 行 部	010 - 84083685
门 市 部	010 - 84029450
经　　销	新华书店及其他书店

印　　刷	北京明恒达印务有限公司
装　　订	廊坊市广阳区广增装订厂
版　　次	2018 年 11 月第 1 版
印　　次	2019 年 11 月第 2 次印刷

开　　本	710×1000　1/16
印　　张	12.75
插　　页	2
字　　数	156 千字
定　　价	53.00 元

凡购买中国社会科学出版社图书，如有质量问题请与本社营销中心联系调换
电话：010 - 84083683

弘扬延安精神　增强文化自信
"延安精神及其当代价值"系列丛书

总　序

王宏波　陆卫明

　　当前我国正处在实现中华民族伟大复兴的中国梦的关键期，实现中国梦必须坚持中国道路，必须弘扬中国精神，必须凝聚中国力量。实现中国梦必须坚定四个自信，而"文化自信，是更基础、更广泛、更深厚的自信"。文化自信源自中华优秀传统文化、革命文化及社会主义先进文化。在庆祝中国共产党成立95周年大会上，习近平总书记指出，"在5000多年文明发展中孕育的中华优秀传统文化，在党和人民伟大斗争中孕育的革命文化和社会主义先进文化，积淀着中华民族最深层的精神追求，代表着中华民族独特的精神标识"。其中革命文化是文化自信的极其重要的源头与组成部分。

　　延安精神是中国共产党在领导全中国人民进行救亡图存的新民主主义革命伟大斗争实践中形成的，是中国革命文化的重要组成部分。革命文化是马克思列宁主义普遍原理同中国革命实际相结合的产物，是对中华优秀传统文化的传承和创新。革命文化在新民主主义革命的不同阶段体现为党培育的不同形态的革命精神，如井冈山精神、长征精神、延安精神、西柏坡精神等。延安精神是中国共产党革命精神发展的重要里程碑。

延安精神是以毛泽东为代表的中国共产党人在延安时期培育和发展起来的崇高革命精神。延安时期是指中共中央在陕北的 13 年，具体指从 1935 年 10 月 19 日中央红军到达陕北吴起镇，到 1948 年 3 月 23 日毛泽东和党中央东渡黄河前往华北。这是一个特殊的历史时期，是中国共产党扭转乾坤、创造辉煌的历史时期，是中国革命日渐走向胜利的时期。这一时期先后形成了抗大精神、整风精神、南泥湾精神、张思德精神、白求恩精神、愚公移山精神等，这些精神是延安精神的原生形态，它们整合在一起就是凝练的延安精神。延安精神的主要内容包括：坚定正确的政治方向，实事求是的思想路线，全心全意为人民服务的根本宗旨，艰苦奋斗的工作作风。延安精神是中国共产党的性质、宗旨、优良传统和作风的集中体现，是中华民族的宝贵精神财富，对中国现当代历史发展产生了巨大而深远的影响。

延安精神是中国共产党人的传家宝，是中国共产党领导全国人民在实现中国梦的历史进程中取得一系列辉煌成就的精神密码。无论是新中国成立之初的百废待兴，还是改革开放后的奋力赶超，党和国家几代领导人都一直强调要弘扬延安精神。新中国成立初期面对一穷二白的国情，毛泽东在 1949 年 10 月 26 日给延安及陕甘宁边区的人民复电时指出："我并且希望，全国一切革命工作人员永远保持过去十余年间在延安和陕甘宁边区的工作人员中所具有的艰苦奋斗的作风。"1957 年 3 月，毛泽东在济南党员干部会议上讲话强调："共产党就是要奋斗，就是要全心全意为人民服务，不要半心半意或者三分之二的心三分之二的意为人民服务"；"我们要保持过去革命战争时期的那么一股劲，那么一股革命热情，那么一种拼命精神，把革命工作做到底。"在中国刚刚启动改革开放时，党的第二代领导集体的核心邓小平就阐述了延安精神对提高全党、全社会建设社会主义现代化强国信心的重要性。1980 年 12 月 25 日，邓小平在中共中央工作会议上讲话指出："要提高全党同志建设社会主义现代化强国的信心，通过各个岗位的党员的模范行动影响和吸引群众，振奋精神，团结一致，专心致志，稳步前进，实现我们的宏伟目标。我们一定要宣传、恢复和发扬延安精神，解放初期的精神，以及六十年代初期克服困难的精神。我们首先要自己坚定信心，然后才能教育和团结群众提高信心。"世纪之交，世情、国情、党情发生了深刻变化，国内改革进入攻坚阶段，社会经济成分、组织形式、就业方式、利益关系和分配方式日益多样化，各种思想文化相互激荡。在这种背景下，2002 年春江泽民在陕西考察工作时指出："无论过去、现在和将来，延安精神都不能丢。全党同志，一定要结合新的实际，大力弘扬延安精神，使延安精神成为我们党在新世纪团结和带领人民不断开创有中国特色社会主义事业新局面的强大精神动力，使延安精神永放光芒。"2006 年春节，胡锦涛在延安考察工作时强调了延安精神对全面建设小康社会的价值，强调指出："在全面建设小康社会的伟大征程中，我们要把延安精神作为凝聚人心、团结奋进的强大动力，作为战胜困难、夺取胜利的重要法宝，让延安精神放射出新的时代光芒。"

党的十八大以来，以习近平同志为核心的党中央提出实现中华民族伟大复兴的中国梦，并高度重视延安精神的时代价值。2015 年 2 月，习近平总书记在陕西调研考察时指出："全面从严治党要继续从延安精神中汲取力量，要把抓理想信念贯穿始终，提高辩证思维、系统思维能力，保持党同人民群众的血肉联系，始终为党和人民事业艰苦奋斗、不懈奋斗。"经过中国共产党人和全国各族人民的不懈努力和奋斗，中国人民经历了从"站起来""富起来"到

"强起来",中国特色社会主义进入了新时代,中国正在加快走向世界舞台中央,新时代中国特色社会主义事业前途一片光明。前途光明,道路曲折。习近平总书记在党的十九大报告中强调指出:"中华民族伟大复兴的中国梦,绝不是轻轻松松、敲锣打鼓就能实现的。全党必须准备付出更为艰巨、更为艰苦的努力。"在伟大社会革命的峥嵘岁月中,在为中国人民谋幸福、为中华民族谋复兴的漫漫征途中,中国共产党人要始终不忘初心,牢记使命,继承和发扬革命文化、革命传统,弘扬延安精神,补足共产党人的"精神之钙",坚定中国特色社会主义道路自信、理论自信、制度自信和文化自信。

为了更好弘扬延安精神,从延安精神中汲取实现中华民族伟大复兴中国梦的强大力量,不断增强中国特色社会主义道路自信、理论自信、制度自信和文化自信,陕西省中国特色社会主义理论体系研究中心、西安交通大学马克思主义学院共同组织撰写了这套"延安精神及其当代价值"系列丛书(共六册)。本系列丛书旨在从历史与现实、理论与实践、整体与局部相结合的视角进一步深入研究延安精神的丰富内容,分别从"延安精神与经济发展""延安精神与民主政治""延安精神与文化建设""延安精神与社会建设""延安精神与统一战线""延安精神与从严治党"六个方面系统阐释了延安精神的丰富内容及其当代价值。

本系列丛书体例新颖,资料翔实,研究深入,文字生动,这是目前能看到的有关延安精神及其当代价值研究方面比较系统并有力度的丛书,是一个富有现实意义的创造性工作,值得推荐。

是为序。

前　言

延安是中国共产党革命进程中的一座丰碑，是中华民族于危亡之际的民族希望，是中国革命于迷茫之时的一盏明灯。在战争年代，延安是我们党的指挥中枢和战略后方，在这里党中央和毛泽东等运筹帷幄，做出了事关中国革命前途命运的重大决策，为夺取全国政权奠定了坚实基础。

延安时期，中国共产党发奋图强，不断加强党的思想建设和组织建设，促进了党的队伍发展壮大。抗战爆发前，有联系的党员只有4万人，领导的红军不过四五万人，根据地仅陕北一处；1945年抗战胜利时，党员已有121万、支部有几万个、县委达到1000多个，领导着120万正规军队和一亿人口的解放区。[①] 中国共产党正是在波澜壮阔的革命战争中，不断汲取中华民族的优秀传统，依靠马列主义理论的指导，依靠党和人民的艰辛探索和锐意创新，取得了新民主主义革命的胜利。同时，这片神奇的土地，孕育了集中体现党和军队革命品质的延安精神。延安精神是我们党的"传家宝"，更是中华民族宝贵的精神财富。尽管当今的形势和条件已发生了很大变化，但中国共产党人坚持和弘扬延安精神的信念从未

---

① 王春明：《弘扬延安精神的现实意义》，2014年4月23日，中共中央文献研究室网，http://www.wxyjs.org.cn/wxzj_1/dbzb/201404/t20140423_149167.htm。

改变。

延安精神作为中华民族精神的重要组成部分，受到党的历代领导人的高度重视，他们反复强调弘扬延安精神的极端重要性。早在1949年10月26日，毛泽东给陕甘宁边区人民的复电中就提出：希望"全国一切革命工作人员永远保持过去十余年间在延安和陕甘宁边区的工作人员中所具有的艰苦奋斗的作风"。① 这里所说的"艰苦奋斗的作风"，实际上就是指延安精神。改革开放初期，邓小平又多次提及延安精神。1980年1月，他强调"一定要努力恢复延安的光荣传统，努力学习周恩来等同志的榜样，在艰苦创业方面起模范作用"。② 后来，他又明确提出："我们一定要宣传、恢复和发扬延安精神"。③ 1981年11月，邓小平在同美国财政部长唐纳德·里甘谈话时表示，"文化大革命"前是很好的。"那时，我们是延安传统、延安精神。我们在延安时，什么都困难，什么东西都没有……就是按照毛主席提出的'自己动手，丰衣足食'的方针……结果所有的困难都克服了，过得很好。那种精神现在中国仍然需要。"④ 2002年3月，江泽民在陕西考察工作时高度概括了以"坚定正确的政治方向，解放思想、实事求是的思想路线，全心全意为人民服务的根本宗旨，自力更生、艰苦奋斗的创业精神"⑤ 为主要内容的延安精神，并强调"无论过去、现在和将来，延安精神都不能丢"。延安精神是中国共产党和中华民族取之不尽、用之不竭的宝贵精神财富。2006年1月，胡锦涛在延安考察工作时概括了延安精神的实质："延安精神是我们党的性质和宗旨的集中体

① 《毛泽东文集》第6卷，人民出版社1996年版，第17页。
② 《邓小平文选》第2卷，人民出版社1994年版，第260页。
③ 同上书，第369页。
④ 《邓小平年谱》（下），中央文献出版社2004年版，第785—786页。
⑤ 《江泽民视察陕西时的讲话》，《人民日报》2002年4月3日。

现，是我们党的优良传统和作风的集中体现，是中国共产党人崇高品德和伟大情怀的集中体现"。2008年10月，他进一步强调指出：延安精神，过去、现在、将来都是我们战胜困难、取得胜利的重要法宝，要"让延安精神放射出新的时代光芒"。① 这说明，革命战争年代需要大力弘扬延安精神，和平建设时期也需要大力弘扬延安精神。延安精神是中华民族精神的继承和发展，它展示了中国人民的精神风貌，体现了中华民族的性格，发挥着引领时代价值取向的作用。延安精神在当代中国凸显着重要的时代价值和现实意义。

2009年11月，习近平在延安考察时强调，结合新的实际弘扬延安精神。习近平指出，伟大的延安精神教育滋养了几代中国共产党人，始终是凝聚人心、战胜困难、开拓前进的强大精神力量。弘扬延安精神，要把坚定正确的政治方向放在第一位，牢记全心全意为人民服务宗旨，坚持解放思想、实事求是、与时俱进，始终牢记"两个务必"，保持延安时期那么一种忘我精神、那么一股昂扬斗志、那么一种科学精神，为建设和发展中国特色社会主义不懈奋斗。习近平特别强调，要继续挖掘延安精神这个宝藏，教育各级领导干部始终保持和发展共产党人的先进性。②

2015年春节前夕，习近平总书记到延安视察。在中国延安干部学院，他主持召开了陕甘宁革命老区脱贫致富座谈会。他认真听取大家的发言，随后发表了重要讲话。他指出，革命老区是党和人民军队的根，我们永远不能忘记自己是从哪里走来的，永远都要从革命的历史中汲取智慧和力量。老区和老区人民为我们党领导的中

---

① 赵耀宏：《延安精神及现实启示》，2015年4月14日，共产党员网，http：//news. 12371. cn/2015/04/14/ARTI1428977409680446. shtml。

② 《习近平在陕西调研时强调结合新的实际弘扬延安精神》，2009年11月16日，新华网，http：//news. xinhuanet. com/politics/2009 - 11/16/content_ 12469842_ 1. htm。

国革命作出了重大牺牲和贡献，我们要永远珍惜、永远铭记。之后，习近平总书记到西安进行考察。习近平总书记强调，我们党是一个具有长期奋斗历史和优良革命传统的党，也是一个紧跟时代步伐、善于与时俱进的党。老一辈革命家和老一代共产党人在延安时期留下的优良传统和作风，培育形成的延安精神，是我们党的宝贵精神财富。他要求，全面从严治党要继续从延安精神中汲取力量。要把抓理想信念贯穿始终，提高辩证思维、系统思维能力，保持党同人民群众的血肉联系，始终为党和人民事业艰苦奋斗、不懈奋斗。[①]

党的十八大以来，习近平总书记高度重视思想建党，提出坚定理想信念、补足共产党人精神之"钙"；认真学习马克思主义基本原理，学习中国特色社会主义理论体系；共产党员要树立高尚的道德情操，以道德的力量去赢得人心、赢得事业成就。同时，从作风建设入手，全面推进从严治党，深入落实管党治党责任，坚持真管真严、敢管敢严、长管长严，全面加强党的建设。

习近平总书记在庆祝中国共产党成立 95 周年大会上的讲话中指出：我们党"作为一个在有着 13 亿多人口的大国长期执政的党，党的建设关系重大、牵动全局。党和人民事业发展到什么阶段，党的建设就要推进到什么阶段。这是加强党的建设必须把握的基本规律。"[②] 习近平总书记要求全党同志面向未来，面对挑战，一定要不忘初心、继续前进。习近平总书记在党的十九大报告中强调："九十六年来，为了实现中华民族伟大复兴的历史使命，无论

----

① 《习近平春节前夕赴陕西看望慰问广大干部群众》，2015 年 2 月 16 日，央视网，http：//news. cntv. cn/2015/02/16/VIDE1424086018701105. shtml。

② 《习近平在庆祝中国共产党成立 95 周年大会上的讲话》，2016 年 7 月 1 日，中国新闻网，http：//www. chinanews. com/gn/2016/07 - 01/7924310. shtml。

是弱小还是强大，无论是顺境还是逆境，我们党都初心不改、矢志不渝，团结带领人民历经千难万险，付出巨大牺牲，敢于面对曲折，勇于修正错误，攻克了一个又一个看似不可攻克的难关，创造了一个又一个彪炳史册的人间奇迹。"① 在他看来"不忘初心，方得始终"，要求中国共产党人不忘初心，牢记使命。这个初心和使命，就是为中国人民谋幸福，为中华民族谋复兴。他认为，这个初心和使命是激励中国共产党人不断前进的根本动力。

延安精神体现了马克思主义政党的性质，体现了党与时俱进的思想风范，体现了党与人民同呼吸、共命运的优良作风，成为凝聚人心、战胜困难、开拓前进的巨大精神力量。它犹如一座富矿，内含执政思考、政权建设、从严治党以及经济、政治、文化、社会等方面建设的成功经验。"一个民族，没有振奋的精神和高尚的品格，不可能自立于世界民族之林。"② 当前，我们正在协调推进"四个全面"战略布局，要不断从延安精神中汲取政治智慧和精神力量，深入挖掘延安时期从严治党的经验，从坚持党的群众路线，凝聚党心、军心、民心的经验中汲取力量，激励广大党员干部清正廉洁、勇于担当、为官有为，③ 齐心协力为发展中国特色社会主义，实现中华民族伟大复兴的中国梦贡献自己的智慧和力量。

任培秦

2018 年 5 月

———————————

① 习近平：《决胜全面建成小康社会　夺取新时代中国特色社会主义伟大胜利——在中国共产党第十九次全国代表大会上的报告》，人民出版社 2017 年版，第 14—15 页。

② 《江泽民文选》第 3 卷，人民出版社 2006 年版，第 559 页。

③ 何毅亭：《延安精神永放光芒》，《人民日报》2015 年 10 月 16 日。

目　　录

第一编　　理论篇

第一章　无产阶级政党的使命与要求 ……………………… 3

一　无产阶级政党的性质与使命决定必须从严治党………… 3

　（一）为绝大多数人谋利益是无产阶级政党的

　　　　历史使命 ……………………………………… 3

　（二）从严治党是无产阶级政党的基本要求 ………… 5

　（三）从严治党是中国共产党的一贯要求 …………… 9

二　苏共亡党的现实印证了必须从严治党 ……………… 12

第二章　延安精神是多维度从严治党的重要成果 ……… 15

一　坚定正确的政治方向　筑牢理想信念 ……………… 16

　（一）理论坚定是政治坚定的基础 …………………… 16

　（二）学习马克思主义理论蔚然成风 ………………… 19

　（三）理论学习中增强党性修养 ……………………… 23

二　培育创新思维　坚持真理指导 ……………………… 25

　（一）"实事求是"体现了党的执政思维 …………… 25

　（二）"实事求是"凸显了追求真理的

科学精神 ·············· 27

（三）"实事求是"激励人们开拓创新 ········· 29

三 坚持为人民服务的宗旨 赢得人民拥护 ········· 30

（一）"全心全意为人民服务"宗旨的确定 ········· 30

（二）"全心全意为人民服务"体现双重内涵 ········· 31

（三）"全心全意为人民服务"凸显唯物主义

历史观 ·············· 33

四 发扬艰苦奋斗的精神 铸就坚强毅力 ········· 36

（一）艰苦奋斗是自强不息的精神动力 ········· 36

（二）大生产运动铸就坚强毅力 ········· 38

（三）坚定正确的政治方向为艰苦奋斗注入了

强大动力 ·············· 41

第三章 延安时期党建设廉洁政治的成功举措 ········· 43

一 延安时期党建设廉洁政治的基本动因 ········· 44

（一）廉洁政治是普遍的政治诉求 ········· 44

（二）建设廉洁政治是党建的重要内容 ········· 44

二 延安时期党建设廉洁政治的直接动因 ········· 45

（一）清除党内各种非无产阶级思想 ········· 45

（二）消除贪腐确保执政安全 ········· 46

三 延安时期党建设廉洁政治的重要措施 ········· 47

（一）思想教育是建设廉洁政治的基础 ········· 47

（二）制度建设是建设廉洁政治的根本 ········· 49

（三）执行严格的肃贪惩腐奖廉机制 ········· 52

（四）监督机制是建设廉洁政治的有效途径 ········· 55

（五）领导垂范做建设廉洁政治的表率 ········· 59

延
安
精
神
与
从
严
治
党

第二编　　实践篇

第四章　重视理论学习　坚定理想信念 ……………………… 67

一　毛泽东学哲学 …………………………………………… 67

（一）发奋读书 ………………………………………… 67

（二）讲学著述 ………………………………………… 69

二　加强高级干部教育 ……………………………………… 71

（一）中共中央推动高级干部教育 ………………… 71

（二）成立培养高中级干部的学校——中共
　　　中央党校 ……………………………………… 74

三　创办各类学校　培养优秀人才 ………………………… 76

（一）创办各类干部学校 …………………………… 76

（二）"抗大精神"的形成 …………………………… 77

第五章　开展"实事求是"的实践活动 ………………………… 80

一　两种思想认识的交锋 …………………………………… 80

（一）王明的错误思想与毛泽东的正确主张 ……… 81

（二）六届六中全会确立毛泽东的领袖地位 ……… 82

二　毛泽东注重调查研究 …………………………………… 84

（一）调查研究之风的兴起 ………………………… 84

（二）毛泽东对妇女调查团的支持 ………………… 86

三　张闻天深入调查研究 …………………………………… 88

（一）农村调查小组的调查研究活动 ……………… 88

（二）张闻天的调查研究总结 ……………………… 89

第六章　践行全心全意为人民服务的宗旨 ·············· 92

　一　毛泽东与农民的情谊 ···················· 92

　　（一）毛泽东的博大情怀 ···················· 92

　　（二）毛泽东与他的农民朋友杨步浩 ·········· 94

　二　人民的骆驼——任弼时 ·················· 97

　　（一）"能坚持走一百步，就不该走九十九步" ····· 97

　　（二）一生有"三怕" ······················· 98

　三　为人民奉献青春的张思德 ················ 100

　　（一）勤恳认真的通信兵 ··················· 100

　　（二）为了革命去烧炭 ····················· 102

第七章　中央领导及广大军民艰苦奋斗的实践活动·········· 105

　一　朱德与边区大生产运动 ················· 106

　　（一）南泥湾的第一堆篝火 ················· 106

　　（二）朱德亲自参加大生产运动 ············· 108

　二　359旅开发南泥湾 ····················· 109

　　（一）初到南泥湾 ······················· 110

　　（二）陕北好江南 ······················· 112

　三　党的领袖身先士卒，发扬艰苦朴素作风 ····· 114

　　（一）艰苦朴素的毛泽东 ··················· 114

　　（二）中央机关的纺线比赛 ················· 115

　　（三）党的领袖"勤俭诚朴，公忠耐苦" ········· 116

第八章　严惩腐败从严治党的典型案例············ 120

　一　黄克功案 ··························· 121

延
安
精
神
与
从
严
治
党

（一）黄克功案的发生 ·················· 121

（一）毛泽东的批示及案件的公审 ·········· 122

二　严惩"肖玉璧"式的腐化 ·············· 124

（一）肖玉璧案 ······················ 124

（二）刘振秋案与刘力功案 ·············· 126

第三编　　价值篇

第九章　延安精神在从严治党中的重要价值 ········· 131

一　延安精神在从严治党中的历史价值 ·········· 133

（一）提高党的整体素质 ··············· 133

（二）实现党的团结统一 ··············· 136

（三）为局部执政到全国执政奠定基础 ········ 137

二　延安精神在从严治党中的理论价值 ·········· 140

（一）丰富了马克思主义从严治党思想 ········ 140

（二）发展了马克思主义政党建设理论 ········ 141

第十章　延安精神在从严治党中的时代价值 ········· 143

一　坚定正确的政治方向是全面从严治党的
　　信仰牵引力 ······················· 144

（一）理想信念永不动摇 ··············· 144

（二）坚定理想信念，坚守共产党人精神追求 ····· 145

二　实事求是的科学思想是全面从严治党的理论指导 ····· 148

（一）实事求是始终是党坚持的思想路线 ·········· 148

（二）实事求是体现了科学精神 ·············· 150

三　恪守党的宗旨是全面从严治党的根本准则 ········· 153

（一）密切党群关系是党的宗旨的体现 ·············· 153

（二）坚持以人为本，树立公仆情怀 ·············· 155

四　艰苦奋斗的创业精神是全面从严治党的精神动力······ 158

（一）作风优良是党的光荣传统和宝贵经验 ·········· 158

（二）反对和整治不良风气，营造风清气正的

政治生态 ································· 161

五　坚持党纪严于国法是全面从严治党的重要保证········ 163

（一）纪律严明是党的光荣传统和独特优势 ········ 163

（二）严格执行党的纪律，置守纪律讲规矩于

重要地位 ····························· 165

结束语：加强党的建设必须将弘扬延安精神内化为

自觉行为 ································ 170

参考文献 ··· 171

后记 ··· 184

延安精神与从严治党

第一编 理论篇

第一章　无产阶级政党的使命与要求

延安精神体现了马克思主义政党的性质，体现了党与人民同呼吸、共命运的优良作风，体现了党面对困难一往无前的奋斗精神，更是集中体现了共产党人的崇高品德。从党的建设视角看，延安精神是革命战争年代从严治党的成果，它极大地推进了党的事业顺利发展，是推动新民主主义革命走向胜利的精神动力。

一　无产阶级政党的性质与使命决定必须从严治党

共产党作为无产阶级政党，担负着彻底改造旧社会、建立新社会的艰巨使命。从共产党的性质和历史使命看，从严治党是党的必然要求，是共产党建设上的显著特点和重要优势。

（一）为绝大多数人谋利益是无产阶级政党的历史使命

马克思主义经典作家，运用历史唯物主义学说，将政党与阶级利益结合起来，科学地揭示了政党的性质。马克思、恩格斯指出：共产党是无产阶级的政党，"共产党人不是同其他工人政党相对立的特殊政党"。① 共产党同其他工人政党的利益是一致的，代表的是整个无产阶级的利益，而非少数人的利益。"共产党人是各国工人政党中最坚决的、始终起推动作用的部分；在理论方面，他们胜过其余无产阶级群众的地方在于他们了解无产阶级运动的条件、进程和一般结果。"② 列宁则认为，"至少在现代的文明国家内，阶级是由政党来领导的"③，"党是阶级的先进觉悟阶层，是阶级的先锋队"。④ 列宁指出："马克思学说中的主要的一点，就是阐明了无产阶级作为社会主义社会创造者的世界历史作用"。⑤ 马克思主义认为，共产党是无产阶级的先进组织。无产阶级是人类历史上最先进的阶级，代表着先进的生产力，是最有远大前途的阶级。"过去的一切运动都是少数人的或者为少数人谋利益的运动。无产阶级的运动是绝大多数人的、为绝大多数人谋利益的独立的运动"。⑥ 因此，在同资产阶级对立的一切阶级中，无产阶级是真正革命的阶级。

马克思、恩格斯认为，无产阶级及其政党因其大公无私的本性，所建立的廉价政府，所担任的社会职责，都是为全社会人民服务、为彻底解放劳动者而产生的。马克思、恩格斯虽然指出无产阶级政党是大公无私的，但这不代表不会有腐败滋生。面对腐败现象，恩格斯指出："看来任何大国的工人政党，只有在内部斗争中才能发展起来，这是符合一般辩证发展规律的"。⑦ 从政党和政权的阶级属性来看，无产阶级政党和国家能够取得反腐败斗争的胜利。列宁对腐败深恶痛绝。他认为："政治上有教养的人是不会贪

---

① 《马克思恩格斯文集》第4卷，人民出版社2009年版，第324页。
② 《马克思恩格斯选集》第1卷，人民出版社1995年版，第285页。
③ 《列宁全集》第39卷，人民出版社1986年版，第21页。
④ 《列宁全集》第24卷，人民出版社1990年版，第38页。
⑤ 《列宁选集》第2卷，人民出版社1995年版，第305页。
⑥ 《马克思恩格斯选集》第1卷，人民出版社1995年版，第283页。
⑦ 《马克思恩格斯选集》第4卷，人民出版社1995年版，第651页。

污受贿的。"① 党的先进性是党员的先进性的集中体现，保持党的先锋队性质，必须建设一支高素质的党员队伍。党员队伍的质量直接影响着党的性质，如果党员不能保持自己的先进性，就必然影响党的先进性。为了保持党的先进性，列宁强调"必须把欺骗分子、官僚化分子、不忠诚分子和不坚定的共产党员以及虽然'改头换面'但内心里依然故我的孟什维克从党内清除出去。"②

（二）从严治党是无产阶级政党的基本要求

无产阶级政党对其成员有着严格的要求。加入共产党既是先进分子自觉的政治诉求，也是一种自愿行为，入党意味着愿意接受党的纲领章程，接受组织纪律的约束，可以说从严的要求既是必须做到也是能够做到的。马克思和恩格斯非常重视无产阶级政党的建设，他们共同创建了世界上第一个无产阶级政党。在他们看来，建立一个独立的无产阶级政党，对工人阶级的解放至关重要。"无产阶级在反对有产阶级联合力量的斗争中，只有把自身组织成为与有产阶级建立的一切旧政党不同的、相对立的政党，才能作为一个阶级来行动"，才能"……保证社会革命获得胜利和实现革命的最高目标——消灭阶级。"③ 马克思早在工人阶级政党创建初期就明确指出："我们现在必须绝对保持党的纪律，否则将一事无成"。④ 1847 年 6 月，"正义者同盟"改组为"共产主义者同盟"。在马克思和恩格斯指导下，"同盟"制定的第一个共产党章程，即《共产主义者同盟章程》，明确规定了严格的纪律，提出了同盟成员必须

① 《列宁选集》第 4 卷，人民出版社 1995 年版，第 588 页。
② 同上书，第 562 页。
③ 《马克思恩格斯选集》第 2 卷，人民出版社 1995 年版，第 611 页。
④ 《马克思恩格斯全集》第 29 卷，人民出版社 1972 年版，第 413 页。

具备的7项条件："生活方式和活动必须符合同盟的目的""具有革命毅力并努力进行宣传工作""承认共产主义""不得参加任何反共产主义的（政治的或民族的）团体并且必须把参加某团体的情况报告有关的领导机关""服从同盟的一切决议""保守同盟的一切机密""必须获得一致通过，才能被接收入某一支部"，并且规定："盟员如果不能遵守这些条件即行开除。"① 同时，还提出了共产党人"要同传统的观念实行最彻底的决裂"的思想。这些都是对党员质量和条件的基本要求。

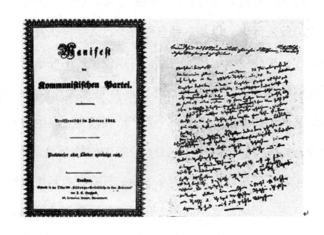

《共产党宣言》第一版封面（左）和马克思所写《共产党宣言》
草稿仅存的一页（头两行字为马克思夫人燕妮所写）

保持党的纯洁性是无产阶级政党的本质要求。无产阶级政党，应始终保持党员队伍的纯洁性。马克思在创建国际工人协会的实践中，就提出了这方面的要求。他起草的《国际工人协会共同章程》明确规定，"每一支部应对接受的会员的品质纯洁负责"。② 1875

---

① 《马克思恩格斯全集》第4卷，人民出版社1958年版，第572页。
② 《马克思恩格斯选集》第2卷，人民出版社1995年版，第612页。

年3月，恩格斯为配合马克思《哥达纲领批判》对拉萨尔主义的彻底清算，致信奥·倍倍尔，强调：必须清除哥达纲领草案中的拉萨尔主义，否则，"我们的党将丧失它的政治纯洁性"。① 马克思主义政党的纯洁性，是从工人阶级自身所具有的纯洁性体现出来的。党要成为无产阶级先锋队，其中一个重要条件"就是要保持党的成分的纯洁"。② 当然，强调阶级纯洁性并不是只追求党员出身、成分的纯洁性，而是要求党员在思想、作风等方面的纯洁性。党只能将"工人阶级中最觉悟、最积极和最忠实于工人阶级事业的优秀分子"③ 吸收到党内来，而不是将工人阶级中的所有成员都吸收为党员。马克思和恩格斯从无产阶级革命事业发展考虑，同意非无产阶级出身的人，参加无产阶级运动，但"首先就要要求他们不要把资产阶级、小资产阶级等的偏见的任何残余带进来，而要无条件地掌握无产阶级世界观"。④ 党员作为党的行为主体，其自身体现着党的纯洁性。人们通常是从党员的行为举止来评价党的性质纯洁与否。因此，党员个人的纯洁性非常重要，很大程度上影响着一个政党的纯洁性。

列宁高度重视无产阶级政党建设，强调对党员要进行理论教育，保持思想的纯洁。列宁认为，党员必须加强马克思主义理论的学习，使他们真正树立马克思主义的理想信念。在列宁看来，"对社会主义思想体系的任何轻视和任何脱离，都意味着资产阶级思想体系的加强"。⑤ 对于在年轻的工人运动中出现的某些资产阶级毛病，列宁主张要"更加热心地用马克思主义的读物来给有毛病的

---

① 《马克思恩格斯文集》第3卷，人民出版社2009年版，第416页。
② 《陈云文选》第1卷，人民出版社1995年版，第129页。
③ 同上书，第132页。
④ 《马克思恩格斯选集》第3卷，人民出版社1995年版，第685页。
⑤ 《列宁选集》第1卷，人民出版社1995年版，第327页。

工人增加营养"①，他要求共产党人应当学习，并"在一切场合，在每个地方，战胜所有的困难和所有的资产阶级风气、传统和习惯"。② 同时，大力发展党校和党的刊物，不断提高党员的马克思主义理论水平。通过理论学习和教育，保持党的思想纯洁性。

列宁非常注重党员质量问题。他认为党是无产阶级优秀分子的集合，绝不是什么人都可以加入的松散联盟。党必须实行严格的纪律，才能保证党员质量。早在布尔什维克创立前，列宁就提出了一个建党原则："宁要好梨一个，不要烂梨一筐"。③ 建党初期，他又强调："我们的任务是要维护我们党的坚定性、彻底性和纯洁性。我们应当努力把党员的称号和作用提高，提高，再提高。"④ 他还说："宁可十个办实事的人不自称为党员（真正办实事的人是不追求头衔的！），也不让一个说空话的人有权利和机会当党员。"⑤ 十月革命胜利以后，从根本上改变了党的地位，无产阶级政党处于执政地位。为了防止不纯分子混入党内，列宁认为要实行比战争时期更为严格的入党条件，针对不同社会成分和经历而要求入党的人，要规定不同的预备期。同时，对于入党介绍人的条件和责任，也作了更加严格的要求。为纯洁党的队伍，需要清除不合格党员。列宁认为，"徒有其名的党员，就是白给，我们也不要。世界上只有我们这样的执政党，即革命工人阶级的党，才不追求党员数量的增加，而注意党员质量的提高和清洗'混进党里来的人'"。⑥ 为了提高党员质量，根据俄国当时现实，列宁主张必须把不合格的党员从

---

① 《列宁全集》第 25 卷，人民出版社 1988 年版，第 311 页。
② 《列宁全集》第 39 卷，人民出版社 1986 年版，第 94 页。
③ 《列宁全集》第 44 卷，人民出版社 1990 年版，第 308 页。
④ 《列宁专题文集——论无产阶级政党》，人民出版社 2009 年版，第 349 页。
⑤ 同上书，第 348 页。
⑥ 同上书，第 222 页。

党内清除出去。通过两次清党工作，党员人数大大下降，到1924年，俄共（布）党员人数下降为30万人，党员人数虽然少了，但质量却大为提高。① 这不仅巩固了党的组织，增加了党的团结，而且增强了群众对党的信任，提高了党的威信。因此，执政党的力量和作用，主要取决于党员的质量，取决于党员对无产阶级崇高事业的忠诚。

列宁与"工人阶级解放斗争协会"成员合影

综上所述，从第一个无产阶级政党的建立，到第一个无产阶级执政党的建设，从严治党都是马克思主义政党的一个基本要求。"正是因为列宁建立了那么一个好的党，才能取得十月革命的胜利，建立了第一个社会主义国家"。②

（三）从严治党是中国共产党的一贯要求

从严治党是中国共产党的一贯要求和优良传统，也是党的事业

---

① 向春阶：《列宁晚年思想研究》，湖南大学出版社2001年版，第199页。
② 《邓小平文选》第2卷，人民出版社1994年版，第44页。

持续繁荣的重要保障。中国共产党是按照马克思列宁主义建党原则建立的无产阶级政党，一开始就以马克思列宁主义理论为指导，有着严格的组织纪律。她作为工人阶级的先锋队，担负着民族解放、改造中国社会的艰巨使命。为了自身的发展和革命的胜利，必须统一思想、凝聚人心，形成团结一致的力量，克服困难、战胜敌人。正因为中国共产党的性质及承担的历史使命，必须从严治党。马克思、恩格斯认为，党的纲领"毕竟总是一面公开树立起来的旗帜，而外界就根据它来判断这个党"。① 列宁指出，"一个政党如果没有纲领，就不可能成为政治上比较完整的、能够在事态发生任何转折时始终坚持自己路线的有机体"。② 能否坚持正确的纲领路线是从严治党的前提条件。中国共产党第一次全国代表大会通过的《中国共产党纲领》，就规定了严格的入党条件和严格的纪律。《纲领》明确提出，入党者要"承认本党党纲和政策……在加入我们的队伍以前，必须与那些与我们党的纲领背道而驰的党派和集团断绝一切联系。"③ 这是对共产党员条件和标准的重要原则性规定。彭真在参观一大南湖红船时意味深长地说，这只船很小，但前途远大。毛泽东多次强调，有无铁的纪律，是无产阶级政党和其他政党的显著区别。为了从严要求党员，中国共产党第七次全国代表大会（简称七大）党章明确规定："党的无产阶级的铁的纪律，每个党员都必须遵守，不得逾越，每个党员都必须遵守党纲党章，并成为党的一个组织内的工作者，党在思想上、政治上、组织上的无产阶级的统一，是一直保持着与加强着的"。刘少奇认为：加强全党的统一，必须与一切违反纪律的现象进行斗争，是一切党员、一切党

---

① 《马克思恩格斯选集》第3卷，人民出版社1995年版，第325页。
② 《列宁全集》第20卷，人民出版社1989年版，第357页。
③ 中国革命博物馆：《中国共产党党章汇编》，人民出版社1979年版，第2页。

的组织的职责。朱德强调执行纪律的严格性，我们主张极其严格的军事纪律和群众纪律，这个纪律是建筑在自觉的基础之上的，官兵一体服从纪律，绝无例外。由此看出，铁的纪律是我们党从严要求的基本规矩，而执行铁的纪律是我们党从严要求的重要途径。"从严"，就是按照党的阶级性、先进性、纯洁性要求，以《党章》为最高标准，以最严格的纪律和严肃的态度，严格按照《党章》和党的规矩要求治党、铸党。

中共七大会场

纵观历史，经过 90 多年奋斗，中国共产党已拥有 8000 多万名党员，成功执政 60 多年，创造了世界近现代政治文明史上的奇观。中国共产党成功的秘诀，就在于依靠从严治党保持了党的战斗力、凝聚力，有效地执行了党的纲领路线。[①] 在中国社会变革、发展的不同时期，中国共产党带领中国人民取得了巨大胜利与举世瞩目的成就。

---

① 姚桓：《从严治党规律探析》，《中共杭州市委党校学报》2015 年第 2 期。

二　苏共亡党的现实印证了必须从严治党

党的建设只能加强，不能有丝毫懈怠。吸取苏共亡党的深刻教训，务必坚持从严治党。

1991 年，苏联在没有外敌入侵和特大自然变故的情况下，顷刻间解体覆亡。苏联共产党在发展中拥有最多党员，即将近 2000 万名的时候，却丧失了执政地位，亡党亡国。虽然原因是多方面的，但决定性原因在党内：苏共党内出现了严重的特权现象，这种绝对的权力加速了掌握大权的领导干部，从人民"公仆"向"主人"蜕变，大肆攫取国家财富，贪污腐败盛行，这是苏共亡党的决定性因素。另外，苏共高级领导干部背弃政治信仰，这是苏共亡党的深层原因。1991 年 6 月，据苏联调查显示：在苏共高层干部队伍中，有 76.7% 的人认为应该实行资本主义。① 由此得知，苏共亡党的根本原因，在于苏共领导集团逐渐脱离、背离并最终背叛了马克思主义、社会主义和人民群众的根本利益。显然，这些人已不留恋这个社会主义国家。苏共背叛了苏联人民，而苏联人民没有理由不抛弃它。

政治信仰是一种社会意识，是人们对于所确定的终极政治价值对象的真诚信服和坚定遵循与执行的态度，是一种较稳定的个性心理特征。政治信仰具有凝聚力，是一个国家和民族的精神支柱。政治信仰坚定与否事关社会的繁荣与稳定。苏联解体的主要原因出在

① 陈利军：《苏共亡党对从严治党的历史镜鉴》，《湘潮》2014 年第 11 期。

苏共党内，苏共党内理论上的问题是发端。理论上出现问题的重要原因，在于党的主要领导人的理论素养低下，导致其对共产主义理想信念的动摇。后来党的理论开始发生质的变化，逐步完成了理论上对马克思主义的脱离、背离、背叛，最终导致苏联解体。苏共作为"工人阶级的党"的性质发生了根本改变，实质上走上了资本主义的不归之路，最终葬送了社会主义，丧失了执政地位。① 其主要教训是：苏共高层领导成员，共产主义信仰不坚定；苏共党内民主集中制执行不力，致使党员干部脱离群众，形成个人专断，违背了广大人民的意愿；苏共没有下决心，采取有力措施及时惩治党内腐败，使党内特权现象得不到遏制，以致形成权贵阶层，腐败现象也随之愈演愈烈，严重损害了党的肌体，败坏了党的形象。这是管党不力、治党不严、为政不廉造成的结果。苏共亡党的教训，告诉世人：只有坚持党要管党，从严治党，为政廉洁，党的事业才能兴旺发达，经济社会才能迅速发展，国家才能繁荣富强。

英国著名历史学家汤因比曾说："从文明衰落所造成的痛苦中学得的知识可能是进步的最有效的工具。"② 中国共产党对苏共亡党的教训没有因时间的流逝而淡忘，而是深刻反思其教训，不断审视我们面临的形势和任务。习近平总书记在十八届中央纪委二次全会上指出："我们国家无论在体制、制度上，还是在所走的道路和今天所面临的前所未有的境遇，都与苏联有着相似或者相近乃至相同的地方。弄好了，能走出一片艳阳天；弄不好，苏联的昨天就是

---

① 李慎明：《苏共的蜕化变质是苏联解体的根本原因》，《山东社会科学》2011 年第 7 期。

② ［美］莫蒂默·艾德勒、查尔斯·范多伦：《西方思想宝库》，吉林人民出版社1988 年版，第 1166 页。

我们的明天。"① 因此，无产阶级政党必须坚定马克思主义、共产主义信仰，必须从严要求、从严治党，不断加强自身建设，才能确保党的性质不改变，党的旗帜不变色，永葆它的先进性，带领人民在民族发展的道路上一路前行。

中国共产党第十八届中央纪律检查委员会第二次全体会议

第一编 理论篇

---

① 《转型的必要性、必然性与紧迫性》，2013 年 8 月 23 日，人民论坛网，http：//paper. people. com. cn/rmlt/html/2013 -08/20/content_ 1288084. htm。

第二章　延安精神是多维度从严治党的重要成果

　　中国共产党在延安的 13 年，是中国革命从曲折发展走向辉煌胜利的 13 年。延安精神是中国共产党在延安时期精心培育的宝贵精神财富，是 13 年实践中形成的一整套革命传统和优良作风的集中概括，是中国共产党人把马克思列宁主义普遍真理与中国革命具体实践相结合的产物，也是中国共产党的无产阶级政治本色与中华民族优秀传统道德相统一的结晶。[①] 延安精神是中华民族生命机体中不可分割的部分，铸就了伟大的中华之魂。延安精神反映了中国共产党人一种特有的政治品格、精神气质和道德风范，是共产党人的优良传统和作风。它为中华民族树起了不朽的精神丰碑。延安精神，可以说是中国共产党人多维度从严治党的重要成果，解决了马克思主义政党在发展中面临的一些问题。延安精神不仅在当时发挥了重要作用，而且对后来党的事业发展也产生了深远影响。

　　1942 年 12 月，毛泽东在西北局高干会上的讲话对延安精神进行了最初的表述："延安县同志们的精神完全是布尔什维克的精神。他们的态度是积极的，在他们的思想中、行动中，没有丝毫消

---

　　① 郭德宏：《永恒的延安精神》，天津古籍出版社 2005 年版，第 13 页。

极态度。他们完全不怕困难，他们像生龙活虎一般能够征服一切困难。"① 新中国成立不久，毛泽东在一封电报中指出，希望"全国一切革命工作人员永远保持过去十余年间在延安和陕甘宁边区的工作人员中所具有的艰苦奋斗的作风"。随着时代的发展，延安精神的内涵不断丰富和发展。2002 年 3 月，江泽民在陕西考察工作时指出，"坚定正确的政治方向，解放思想、实事求是的思想路线，全心全意为人民服务的根本宗旨，自力更生、艰苦奋斗的创业精神，是延安精神的主要内容"。② 本书对延安精神内容的理解采用这一概括。

一　坚定正确的政治方向　筑牢理想信念

理想信念是一个政党和民族的精神支柱。坚定的理想信念，是共产党战胜艰难险阻的精神支柱和政治优势。延安时期，面对异常艰苦的环境，中国共产党领导人民战胜各种艰难险阻，创造彪炳史册的伟大业绩，靠的就是对马克思主义的信仰和对共产主义理想的坚定信念。

（一）理论坚定是政治坚定的基础

中国共产党在成立之日起，就确立了对马克思主义的信仰，开展了中国革命的实践活动。由于早期的共产党人既缺乏斗争经验，

第一编　理论篇

---

① 《毛泽东文集》第 2 卷，人民出版社 1999 年版，第 458 页。

② 《江泽民强调：结合新实际大力弘扬延安精神》，2002 年 4 月 2 日，新华网，http://news.xinhuanet.com/newscenter/2002 - 04/02/content_ 341182. htm。

也缺乏对马克思主义理论的系统学习和研究的条件，全党马克思主义理论水平较低，对马克思主义的理解存在教条主义、本本主义倾向。在如何运用马克思主义理论指导中国革命的问题上，认识还不够清楚，致使党内先后出现右倾或"左"倾错误，导致大革命的失败和第五次反"围剿"的失败，给革命带来严重损失。党内"左"右倾错误的根源都是把马克思主义理论教条化，没有把马克思主义同中国革命实际相结合。虽然遵义会议初步确立了毛泽东在党内的领导地位，解决了军事路线和组织路线问题，使党面临的危机形势得到根本扭转，从而挽救了党、挽救了红军、挽救了中国革命，但党内的错误思想，特别是王明的错误思想的影响，还没有从思想上得到彻底解决。

理论上坚定是政治上坚定的基础。延安时期，党中央面对严峻的形势，要求全党加强马克思主义理论的学习，提高全党的理论水平。1938 年 10 月，中共六届六中全会向全党发出了学习的总动员令，号召全党普遍地、深入地研究马克思列宁主义的理论。全会强调全党必须自上而下地努力学习马克思列宁主义理论，学会把马克思列宁主义和国际经验应用于中国的具体环境，反对教条主义。随后，便展开了以马克思主义理论为核心内容的学习竞赛。毛泽东认为，中国共产党人在学习马克思列宁主义理论原著的同时，也不能忽视中华民族的历史和文化积淀，要将两者结合起来，使"马克思主义在中国具体化"。他明确指出，"一般地说，一切有相当研究能力的共产党员，都要研究马克思、恩格斯、列宁、斯大林的理论，都要研究我们民族的历史，都要研究当前运动的情况和趋势。"①

---

① 《毛泽东选集》第 2 卷，人民出版社 1991 年版，第 532 页。

中国共产党六届六中全会会址——延安桥儿沟天主教堂

1939 年 5 月，毛泽东提出"要把全党变成一个大学校"，强调"全党同志以及非党的战士们，都须进这个学校"。他认为，"我们要建设大党，我们的干部非学习不可。学习是我们注重的工作，特别是干部同志，学习的需要更加迫切，如果不学习，就不能领导工作，不能改善工作与建设大党"。① 为了适应全党学习的需要，中共中央设立了干部教育部，领导和组织全党的学习。随后发布了《延安在职干部教育暂行计划》《关于干部学习的指示》《关于在职干部教育的指示》等一系列文件，指导、规范和提升延安的干部教育事业，干部教育被正式列入党的工作日程。并决定以每年 5 月 5 日马克思诞生日为学习节，总结学习经验并进行奖励。从此，"五五学习节"活动在陕甘宁边区及各抗日根据地迅速开展起来。陕甘宁边区先后创办了中国人民抗日军政大学、鲁迅艺术学院、中国女子大学、延安大学等一大批干部学校，培养了一大批治党治国的精英人物。② 毛泽东认为，只要共产党力所能及，就要把它推动

---

① 《毛泽东文集》第 2 卷，人民出版社 1993 年版，第 179 页。
② 郑兴刚、苏博：《全心全意为人民服务的延安精神及其实践》，《理论学习》2014 年第 5 期。

起来，造成一个学习的热潮。在毛泽东的要求和倡导下，党内出现了学习马克思主义理论和历史知识的热潮。毛泽东强调学习必须学以致用。他在《改造我们的学习》中明确主张，"将我们全党的学习方法和学习制度改造一下"。① 他注意到"许多同志的学习马克思列宁主义似乎并不是为了革命实践的需要，而是为了单纯的学习"。② 他在《整顿党的作风》中明确指出："对于马克思主义的理论，要能够精通它、应用它，精通的目的全在于应用。如果你能应用马克思列宁主义的观点，说明一个两个实际问题，那就要受到称赞，就算有了几分成绩。被你说明的东西越多，越普遍，越深刻，你的成绩就越大"。③ 通过马克思主义理论的学习，提高党员运用马克思主义理论解决中国实际问题的能力。

1939 年，抗日军政大学成立三周年纪念大会

左起：毛泽东、张闻天、王稼祥、陈云、王明、刘少奇

（二）学习马克思主义理论蔚然成风

延安时期，从党的六届六中全会毛泽东向全党发出开展学习竞

---

① 《毛泽东选集》第 3 卷，人民出版社 1991 年版，第 795 页。
② 同上书，第 797 页。
③ 同上书，第 815 页。

赛的号召开始，直到延安整风结束，全党掀起了第一次学习马克思主义理论的高潮。延安整风是一次重要的马克思主义理论学习运动，大大促进了马恩列斯著作的翻译出版工作。1938年5月，中共中央决定成立了专门的翻译机构——延安马列学院编译部，集中翻译马克思、恩格斯、列宁、斯大林等人的著作①，还有苏联教科书。1938年12月，任弼时曾协助苏联外文出版局校订《联共（布）党史简明教程》的中译本，并翻译该书第四章中"辩证唯物主义与历史唯物主义"一节，后来还在政治局常委会上建议重印一些马列主义原著。1941年8月，中共中央书记处决定，由毛泽东等人组成编辑委员会，编辑马克思、恩格斯、列宁、斯大林关于反对主观主义、形式主义言论集，主张尽可能编著反对主观主义与机械论的小册子。② 此后，中央还编辑出版了《六大以来》党的重要文献，为整风学习提供了丰富的资料。

延安整风运动中毛泽东同干部谈话

① 杨凤城：《民主革命时期中国共产党认识和对待马克思主义的历史考察》，《高校理论战线》2011年第1期。

② 中共中央文献研究室编：《任弼时年谱》，中央文献出版社2004年版，第375、400、406页。

延安时期，翻译出版了许多马克思主义的著作。延安解放社曾经出版了两部大书：《马克思恩格斯丛书》10卷本和《列宁选集》16卷本。集中体现了这个时期马列著作在中国翻译出版的新成果和新水平。同时，还翻译出版了《资本论》4卷本等马列经济学著作，为党在延安时期对中国经济状况的认识提供了科学依据。[①] 为了把马克思恩格斯的军事著作及苏联的军事材料译成中文，中央军委专门抽调了一些懂外文的同志，于1938年10月建立了由曾涌泉领导的军委编译处。军委编译处成为"第一个由共产党中央军委在革命根据地建立的专门翻译马列军事著作的机构"[②]，翻译出版马列军事著作。另外，翻译出版了马列哲学著作和文艺著作。此时对马克思主义著作的翻译出版，扩大了马克思主义在中国的传播和影响，为党切实有效地推进学习运动提供了保障。

朱德在延安

中央领导利用各种会议和讲演、讲话或撰写文章，指导党员干部深入学习。毛泽东先后发表《改造我们的学习》《整顿党的作

① 吴文珑：《延安时期马列著作翻译与出版的历史考察》，《党史研究与教学》2012年第4期。

② 中共中央编译局马恩室编：《马克思恩格斯著作在中国的传播》，人民出版社1983年版，第303页。

风》《反对党八股》等演讲和讲话，刘少奇、周恩来、陈云、王稼祥等也纷纷撰文或发表演讲，深刻论述马克思主义理论及其在中国的应用问题。通过集中、系统地学习，培养了全党马克思主义理论学习的自觉性。① 此时，党员干部学习理论的热情和渴望有增无减。据当时到过延安的王安娜描述，延安是这样一番景象，"城内并没有什么可看的。小城镇，到处都一样……特别引我注目的，是有许多书店。学生和红军的战士们，正挤在柜台前购买马克思主义经典著作的普及版"。② 即使处于危急的战斗环境下，人们仍表现出很高的学习热情。著名教育家成仿吾回忆说："过封锁线时，同志们为了轻装，把许多日用品都扔掉了，夹被、背包里却背过来一本、两本马列主义的书籍。"③ 这表明，人们对于马克思主义理论的学习已蔚然成风。这种自觉、主动学习的积极态度，有助于提高党员干部的马克思主义理论水平。

八路军官兵在学习整风文件

① 白同葵：《论延安整风与马克思主义中国化》，《人民论坛》2011年第5期。
② ［西德］王安娜：《中国——我的第二故乡》，生活·读书·新知三联书店1980年版，第154—155页。
③ 成仿吾：《战火中的大学》，人民教育出版社1982年版，第97页。

（三）理论学习中增强党性修养

学习马克思主义理论能够增强党员的党性修养。1935 年 10 月中央红军到达陕北时，党员只有 3 万人，发展壮大党的力量势在必行。为适应新的形势，同年 12 月瓦窑堡中央政治局扩大会议指出："中国共产党是中国无产阶级的先锋队。它应该大量吸收先进的工人雇农入党，造成党内的工人骨干。同时中国共产党又是全民族的先锋队，因此，一切愿意为着共产党的主张而奋斗的人，不问他们的阶级出身如何，都可以加入共产党"。在党的政策感召下，党员人数不断增加。1937 年党员人数发展为 4 万人，1938 年年底党员人数发展到 50 万人，1940 年党员发展到 80 多万。① 由于中国是一个经济文化落后的国家，农民和小资产阶级出身的知识分子在党内占大多数，"但这丝毫也不减低中国共产党的布尔什维克的地位"。中国共产党认为，"能否为党所提出的主张而坚决奋斗，是党吸收新党员的主要标准。社会成分是应该注意到的，但不是主要的标准。应该使党变为一个共产主义的熔炉，把许多愿意为共产党主张而奋斗的新党员，锻炼成为有最高阶级觉悟的布尔什维克的战士"。"党不惧怕非无产阶级党员政治水平的不一致，党用共产主义教育去保证提高他们到先锋队地位。"② 延安时期，中国共产党的党员，绝大多数出身于非工人阶级，即使出身于工人阶级的党员，也不是随着入党就可以自发地获得党性。针对这种状况，毛泽东明确指出："有许多党员，在组织上入了党，思想上并没有完全

---

① 《延安精神：管党治党的重大理论与实践成果》，2015 年 10 月 17 日，新华网，http://news.xinhuanet.com/politics/2015 - 10/17/c_ 128328723.htm。

② 中央档案馆编：《中共中央文件选集》第 10 册，中共中央党校出版社 1991 年版，第 620—621 页。

入党，甚至完全没有入党"。为了领导革命运动更好地发展，我们党"就必须从思想上组织上认真地整顿一番。而为要从组织上整顿，首先需要在思想上整顿，需要展开一个无产阶级对非无产阶级的思想斗争"。① 整风运动就是着重从思想上建党的实践。刘少奇在延安马克思列宁学院演讲时指出："我们共产党员不能把理论学习和思想意识修养互相割裂开来。我们共产党员，不但要在革命的实践中改造自己，锻炼自己的无产阶级思想意识，而且要在学习马克思列宁主义理论的过程中改造自己，锻炼自己的无产阶级思想意识。"② 他认为，"这应该是我们共产党员修养的方法。这种马克思列宁主义的修养方法，和其他唯心主义的脱离人民群众的革命实践的修养方法，是完全不同的。"③ 中央紧紧抓住学习这个基础环节，把增强党性建立在科学的理论基础之上。共产党员不仅要在组织上入党，而且要在思想上入党。在1945年党的七大上，刘少奇指出：由于党采取"首先着重在思想上、政治上进行建设，同时也在组织上进行建设"的"毛泽东同志的建党路线"，"即使工人成分还不占大多数，也能够建成并已经建成一个工人阶级的马克思列宁主义政党。"④

马克思主义政党存在和发展的根本条件，就是要有坚定正确的政治方向。延安精神作为中国革命精神，"坚定正确的政治方向"是其整个精神体系的灵魂。延安时期，坚定正确的政治方向就是中华民族的解放和中国社会的解放。⑤ 毛泽东在1938年6月为中国

---

① 《毛泽东选集》第3卷，人民出版社1991年版，第875页。
② 《刘少奇选集》上卷，人民出版社1981年版，第112页。
③ 同上书，第110页。
④ 同上书，第330—331页。
⑤ 刘晓华、闫立光：《缘起·演进·传承：井冈山精神、延安精神与大庆精神的内在契合性》，《理论学刊》2015年第1期。

人民抗日军政大学的题词，说明了这个问题。他当时指出："坚定不移的政治方向，艰苦奋斗的工作作风，机动灵活的战略战术，用以驱逐日本帝国主义，建设新中国。"① 为了实现中华民族的解放，建设新中国，那些有志青年抱着抗战必胜的信念，历尽千辛万苦，跋山涉水，冲破封锁，汇聚延安。正是一种精神和信仰的力量使延安这座小城散发出独特的魅力和光辉，成为人民抗日斗争的指挥中心。

二 培育创新思维 坚持真理指导

实事求是的思想路线，集中体现了中国共产党人的世界观。中国共产党从一个仅仅五十余人的革命党，成长为领导人民取得革命胜利、缔造中华人民共和国的执政党，这在西方人看来"几乎是不可想象的"、"难以置信的"的伟大成就，这与党在延安时期确立实事求是的思想路线是分不开的。②

（一）"实事求是"体现了党的执政思维

"实事求是"体现执政党的执政思维，是符合社会历史发展的思想路线。这一思想路线，不断地超越阶级的狭隘性，能动地把握事物的规律性，是通向真理的路径。党的历史上，曾多次出现过"左"倾和右倾的错误，都使革命遭受了重大损失。从认识论的视

---

① 杨宪金编：《毛泽东手书真迹》上卷，西苑出版社1998年版，第433页。
② 郭德宏：《永恒的延安精神》，天津古籍出版社2005年版，第83页。

角而言，这两种错误，都是认识与实际相脱节，理论与实践相背离而导致的，其根本是违背了"实事求是"的原则，脱离了真理的指导。真理本体论揭示的恰恰是认识与实际相统一、理论与实践相符合的主客体统一关系。延安时期的整风运动，批判了党内错误倾向，彻底清算了王明"左"倾路线的严重危害，提出和阐述了"实事求是"的思想路线。1937 年，毛泽东在《实践论》中，从哲学的高度总结反对教条主义和经验主义斗争时指出："我们的结论是主观和客观、理论和实践、知和行的具体的历史的统一，反对一切离开具体历史的'左'的或右的错误思想"。① 1938 年 10 月，毛泽东在《中国共产党在民族战争中的地位》一文中，第一次使用了"实事求是"的概念，指出"共产党员应是实事求是的模范，又是具有远见卓识的模范。因为只有实事求是，才能完成确定的任务；只有远见卓识，才能不失前进的方向"。② 后来，毛泽东在《新民主主义论》中指出："科学的态度是'实事求是'，'自以为是'和'好为人师'那样狂妄的态度是决不能解决问题的"。③ 不久在《改造我们的学习》一文中，毛泽东对什么是"实事求是"，做了马克思主义的界定，认为："'实事'就是客观存在着的一切事物，'是'就是客观事物的内部联系，即规律性，'求'就是我们去研究"。这一科学的诠释，给古老的实事求是赋予了马克思主义哲学内容，可谓批判地继承优秀文化传统的典范。怎样才能做到"实事求是"？毛泽东指出："我们要从国内外、省内外、县内外、区内外的实际情况出发，从其中引出其固有的而不是臆造的规律性，即找出周围事变的内部联系，作为我们行动的向导"。并且

---

① 《毛泽东选集》第 1 卷，人民出版社 1991 年版，第 296 页。
② 《毛泽东选集》第 2 卷，人民出版社 1991 年版，第 522—523 页。
③ 同上书，第 662—663 页。

"凭客观存在的事实，详细地占有材料，在马克思列宁主义一般原理的指导下，从这些材料中引出正确的结论"。① 毛泽东运用马克思主义的唯物论、认识论、辩证法，对"实事求是"进行了深入分析，肯定了物质决定意识的基本原理，强调人们在规律面前可以发挥主观能动性，正确地认识和把握规律，在研究规律中解决主观和客观相分离，理论与实践相脱节的问题。1941 年年底，毛泽东应中央党校的请求，为中央党校确定了"实事求是，不尚空谈"的校训，并且为中央党校题写了"实事求是"四个大字，使其成为中国共产党思想路线的集中表述。延安整风运动，使实事求是深入人心。毛泽东曾说："延安的同志们没有一件事不是实事求是。"

（二）"实事求是"凸显了追求真理的科学精神

"实事求是"是延安精神的精髓，体现了追求真理的科学精神。在《反对党八股》一文中，毛泽东指出："无产阶级的最尖锐最有效的武器只有一个，那就是严肃的战斗的科学态度。共产党不靠吓人吃饭，而是靠马克思列宁主义的真理吃饭，靠实事求是吃饭，靠科学吃饭。"② 在实事求是面前，不承认任何偶像崇拜与神圣不可动摇的教条，而是以科学的态度对待一切现成结论。毛泽东指出，不能把马克思列宁主义理论当成僵死的教条，"如果仅仅读了他们的著作，但是没有进一步地根据他们的理论来研究中国的历史实际和革命实际，没有企图在理论上来思考中国的革命实践"，"就不能妄称为马克思主义的理论家"。真正的马克思主义理论家"能够依据马克思列宁主义的立场、观点和方法，正确地解释历史

---

① 《毛泽东选集》第 3 卷，人民出版社 1991 年版，第 801 页。
② 同上书，第 835—836 页。

中和革命中所发生的实际问题，能够在中国的经济、政治、军事、文化种种问题上给予科学的解释，给予理论的说明"。① 毛泽东批评那些将马克思列宁主义当宗教教条看待的人，是蒙昧无知的人。"对于这种人，应该老实地对他说，你的教条一点什么用处也没有。马克思、恩格斯、列宁、斯大林曾经反复地讲，我们的学说不是教条而是行动的指南。这些人偏偏忘记这句最重要最重要的话"。毛泽东强调，"中国共产党人只有在他们善于应用马克思列宁主义的立场、观点和方法，善于应用列宁斯大林关于中国革命的学说，进一步地从中国的历史实际和革命实际的认真研究中，在各方面作出合乎中国需要的理论性的创造，才叫做理论和实际相联系。如果只是口头上讲联系，行动上又不实行联系，那末，讲一百年也还是无益的"。② 怎样了解社会实际情况呢？"唯一的方法是向社会作调查，调查社会各阶级的生动情况"。③ 针对党内存在的缺乏调查研究的作风，1941 年 7 月 7 日，中央发出了《关于设立调查研究局的通知》。毛泽东任中央调查研究局主任，任弼时任副主任。8 月 1 日，中央又发出了《关于调查研究的决定》，明确指出："系统的周密的社会调查是决定政策的基础"，"领导机关的基本任务就在于了解情况与掌握政策，而情况如不了解，则政策势必错误"。④ 怎样做好调查研究呢？毛泽东认为："第一是眼睛向下，不要只是昂首望天"。没有眼睛向下的决心，是不会真正懂得中国的事情的。"第二是开调查会"。开调查会，简单易行，忠实可靠。招集那些真正有经验的中、下级干部或老百姓参会，人数不必多，

① 《毛泽东选集》第 3 卷，人民出版社 1991 年版，第 814 页。
② 同上书，第 820 页。
③ 同上书，第 789 页。
④ 《中共党史教学参考资料》（三），人民出版社 1979 年版，第 8 页。

三五个七八个即够。围绕调查纲目，展开讨论。大家"必须明白：群众是真正的英雄，而我们自己则往往是幼稚可笑的，不了解这一点，就不能得到起码的知识。"① 调查出真知，实践出智慧。

（三）"实事求是"激励人们开拓创新

"实事求是"培育创新思维并促进创新，坚持真理指导。实事求是的功能在于启发人们创造性思维，激励人们实践创新和理论创新，为改造世界提供思想武器。实践创新，体现于：以自身条件和社会环境为根据，成功地解决实践中提出的一系列问题，完成了从未有人完成的历史任务；理论创新，表现为：在已有理论基础上突破陈规，提出一系列新观点、新思想，使理论达到一个新境界、新水平，不仅丰富了理论，而且形成新的科学的理论体系，成为指导实践活动的真理。由于"人的言论行动，都是有人的思想意识来作指导的。而人的思想意识又常常和他的世界观分不开的"。② 所以"离开了科学的世界观，我们的决策、我们的事业就丧失了坚实的哲学基础"。"科学的思维，科学的态度，科学的方法，其本质就是解放思想、实事求是"。③ 因此，我们的言行需要科学理论的指导，克服形而上学、教条主义，减少随意性和盲目性。同时，我们需要进行调查研究，防止主观武断，坚持用马克思主义的立场、观点、方法指导我们的言行。④

---

① 《毛泽东选集》第 3 卷，人民出版社 1991 年版，第 789—790 页。
② 《刘少奇选集》上卷，人民出版社 1981 年版，第 122 页。
③ 江泽民：《论科学技术》，中央文献出版社 2001 年版，第 62 页。
④ 王京治：《实事求是重在发展创新》，《中央社会主义学院学报》2001 年第 5 期。

三　坚持为人民服务的宗旨　赢得人民拥护

（一）"全心全意为人民服务"宗旨的确定

延安时期我们党确定了"全心全意为人民服务"的根本宗旨。这一宗旨的确定，是由毛泽东最早提出，党的会议最终确定。1944年9月，在中央直属机关和警备团召开的追悼张思德大会上，毛泽东亲笔题写了"向为人民利益而牺牲的张思德同志致敬"，发表了《为人民服务》的即席讲演，集中阐述了中国共产党人以人民利益为宗旨的根本精神，并将其确定为共产党员立身行事的基本准则，凸显了"为人民服务"的执政理念。在此，毛泽东所倡导的正是"共产党人要敢挑重担，为革命事业要勇于奉献"的精神。1945年4月，延安召开党的七大。毛泽东向大会做了《论联合政府》的政治报告，对中国共产党为人民服务的宗旨做了深刻阐述，他指出："全心全意地为人民服务，一刻也不脱离群众；一切从人民的利益出发，而不是从个人或小集团的利益出发；向人民负责和向党的领导机关负责的一致性；这些就是我们的出发点。"[①] 七大党章明确规定，中国共产党人必须具有全心全意为人民服务的精神，必须与工人群众、农民群众及其他革命人民建立广泛的联系，并经常巩固和扩大这种联系。每一个党员都必须理解党的利益和人民利益的一致性，对党负责和对人民负责的一致性。党的七大把

① 《毛泽东选集》第3卷，人民出版社1991年版，第1094—1095页。

"全心全意为人民服务"写进党章，正式成为中国共产党的根本宗旨。

1945 年毛泽东在七大作《论联合政府》的政治报告

（二）"全心全意为人民服务"体现双重内涵

全心全意为人民服务，既是党和军队的根本宗旨，也是延安精神的核心内容。它具有政治取向和道德修养的双重内涵。从政治取向看，党所制定的路线、方针、政策，都是为了实现人民群众的根本利益。诸如政权建设、经济发展、文化建设、法治建设、社会改造等方面，无不体现为人民服务的明确方向。同时，为人民服务又是对党员道德修养的要求。早在 1939 年 2 月，毛泽东在给张闻天的信中，对孔子的道德论发表看法时，不仅最早提出"为人民服务"的概念，而且把"为人民服务"作为无产阶级的道德观提出来了。同年 12 月，毛泽东在《纪念白求恩》一文中，号召共产党员学习白求恩"对工作的极端的负责任，对同志对人民的极端的热忱"这种崇高的精神。① 为人民服务应成为共产党人具备的新的道德观念，使自己成为一个高尚、纯粹、有道德、脱离低级趣味和有益于人民的人。

延安时期，陕甘宁边区政府遵照中央的指示，将全心全意为人民服务理念落实到边区各项具体工作中去，努力把陕甘宁边区建设成为抗日的模范、民主的模范、生产的模范。毛泽东在陕甘宁边区第二次代表大会的讲话中指出："陕甘宁边区应该成为全国的一个民主的样本"②，强调边区一定"要做得比全国都好，不但成为抗战的堡垒，而且要成为模范的抗战堡垒"。③ 毛泽东非常重视改善人民的物质生活，解决群众的切身利益问题。1942 年 12 月，他在《经济问题与财政问题》一文中强调："一切空话都是无用的，必须给人民以看得见的物质福利，""我们的第一方面的工作并不是向人民要东西，而是给人民以东西"。针对陕甘宁边区的条件，毛泽东提出，目前我们可以给予人民的东西，"就是组织人民、领导人民、帮助人民发展生产，增加他们的物质福利，并在这个基础上一步一步地提高他们的政治觉悟与文化程度"。④ 毛泽东要求共产党人，处处为群众着想，时刻关心群众生活，帮助他们解决困难。他说："我们应该不惜风霜劳苦，夜以继日，勤勤恳恳，切切实实地去研究人民中间的生活问题，生产问题，耕牛、农具等等重要问题，并帮助人民具体地而不是讲空话地去解决这些问题。"⑤ 为减轻农民对政府的负担，边区实行精兵简政与发展一部

① 《毛泽东选集》第 2 卷，人民出版社 1991 年版，第 659 页。
② 逄先知主编：《毛泽东年谱》（1893—1949）中卷，中央文献出版社 2002 年版，第 143 页。
③ 胡乔木：《胡乔木回忆毛泽东》，人民出版社 1994 年版，第 137 页。
④ 《毛泽东文集》第 2 卷，人民出版社 1993 年版，第 467 页。
⑤ 同上书，第 467 页。

分公营经济政策。毛泽东要求"县区党政工作人员在财政经济问题上，应以百分之九十的精力帮助农民增加生产，然后以百分之十的精力从农民取得税收"。① 陕甘宁边区政府向农民征收公粮的任务，从1941年的20万石，到1943年减到16万石，1945年又减到12万石。②

"陕北江南"——南泥湾第一次种上了水稻

这样做，切实减轻了人民的负担，融洽了军民关系。在全心全意为人民服务精神的感召下，陕甘宁边区政府成为"民主的政府"。

（三）"全心全意为人民服务"凸显唯物主义历史观

中国共产党将全心全意为人民服务作为自己的根本宗旨，不是受外力强迫不得已而为之，而是由历史唯物主义和党的性质决定的，也是中国共产党对自身性质的深刻认识和自觉追求的产物。全心全意为人民服务，是唯物主义历史观在中国的运用和发展。马克

① 《毛泽东选集》第3卷，人民出版社1991年版，第911页。
② 吴继金：《毛泽东是延安精神的实践者》，《学理论》2015年第3期。

思主义唯物史观认为，人民群众是历史的创造者。毛泽东提出："人民，只有人民，才是创造世界历史的动力"。[1] 毛泽东看到，强大的革命力量蕴藏于人民群众之中，千百万拥护革命的群众"是真正的铜墙铁壁，什么力量也打不破的，完全打不破的"。[2] 刘少奇曾将人民群众形象地比喻为党的母亲安泰，强调党只有和人民保持血肉联系，才能获取源源不断的动力支持，无往而不胜，否则，"就要发生危险，就会像安泰一样被人扼死"。[3] 在延安的多次讲话中，毛泽东告诫人们要树立为人民服务的高尚道德。他强调指出："我们一切工作，不论职位高低，都是人民的勤务员，我们所做的一切，都是为人民服务。"他要求全党"站在最大多数劳动人民的一面"，"要全心全意为人民服务，不要半心半意或者三分之二的心三分之二的意为人民服务"。他时时处处想着为人民服务，1945年9月，他给《大公报》的题词，就是"为人民服务"。作为工人阶级的先锋队，中国人民和中华民族的先锋队，中国共产党始终尊重人民群众的主体地位，自觉坚持全心全意为人民服务这个永远不变的宗旨。

延安时期，解放区的党员干部，绝大多数都是一心为公，全心全意做人民的公仆。因为"人民要解放，就把权力委托给能够代表他们的、能够忠实为他们办事的人，这就是我们共产党人。我们当了人民的代表，必须代表得好"。[4] 他们帮助农民发展生产、修桥铺路、打井挑水、救死扶困、兴办学校、扫除文盲等，养成一种

---

① 《毛泽东选集》第3卷，人民出版社1991年版，第1031页。
② 《毛泽东选集》第1卷，人民出版社1991年版，第139页。
③ 郑兴刚、苏博：《全心全意为人民服务的延安精神及其实践》，《理论学习》2014年第5期。
④ 《毛泽东选集》第4卷，人民出版社1991年版，第1128页。

优良品质和作风。① 这个时期，中国共产党与广大群众取得了最密切联系，全心全意为人民服务，以对人民的无限忠诚，赢得了人民的拥护和支持。毛泽东在延安干部会议上的讲演中指出："我们的责任，是向人民负责。每句话，每个行动，每项政策，都要适合人民的利益，如果有了错误，定要改正，这就叫向人民负责。"② 正是中国共产党在革命中坚守了这一理念，才使人民坚定了跟共产党走的信念，从而取得了各个阶段革命的胜利。

美国记者对中国共产党坚持的全心全意为人民服务宗旨做出了这样的评价。1946 年，访问过延安的美国《先锋论坛报》记者斯蒂尔曾深有感触地说："不到延安实在不能深触到中国问题的内脏；到了延安使我对中国问题的认识深化了。我觉得在延安的访问中，有三件事使我感动而深刻起来。其中第一件是我体味到共产党常常说的'为人民服务'，在延安所亲见的各种具体事实，我认为是货真价实的"。③

毛泽东、朱德、周恩来等在延安王家坪接见中外记者团

① 郭德宏：《永恒的延安精神》，天津古籍出版社 2005 年版，第 186 页。
② 《毛泽东选集》第 4 卷，人民出版社 1991 年版，第 1128 页。
③ 张香山、孙铭：《外国记者看延安》，《解放日报》1946 年 11 月 10 日。

美国进步作家和中国人民的朋友斯特朗也表示，她在延安与中共领导人的大量谈话中，"最常听到的词汇是'人民'，中国人民，最后往往总要提到世界人民。口号是'到人民中间去'，'向人民学习'。它们的含义似乎比口号要深远得多，似乎是表达了一种最根本的爱和最终的信念"。① 两位美国记者，不仅说出了中国共产党成功的奥秘，也道出了延安精神的奥秘。

1946 年毛泽东在石桌前会见美国记者斯特朗

四　发扬艰苦奋斗的精神　铸就坚强毅力

（一）艰苦奋斗是自强不息的精神动力

艰苦奋斗是人类社会进步不可或缺的条件，是一个民族自强不

① ［美］安娜·路易斯·斯特朗：《斯特朗在中国》，生活·读书·新知三联书店1985 年版，第 179 页。

息的精神动力。"艰苦奋斗"一词是由共产党人提出的。毛泽东在1936年12月发表的《中国革命战争的战略问题》中指出:"中国共产党以自己艰苦奋斗的经历,以几十万英勇党员和几万英勇干部的流血牺牲,在全民族几万万人中间起了伟大的教育作用"。由于中国共产党在革命斗争中取得了伟大的历史成就,从而成为一个为大多数人民所信任的、被人民选中了的政治领导者。"现在共产党说的话,比其他任何政党说的话,都易于为人民所接受。没有中国共产党在过去十五年间的艰苦奋斗,挽救新的亡国危险是不可能的。"① 艰苦奋斗精神支撑着民族自立自强,支撑着国家发展进步,支撑着政党兴旺发达。艰苦奋斗是一个历史的范畴,不同的历史条件下,有着不同的内涵。一般意义来说,它包括物质和精神两个层面的内容。就物质层面讲,它强调的是生活作风,要求艰苦朴素,勤劳节俭,反对铺张浪费、奢侈挥霍,其实质是珍惜劳动创造的物质财富。精神层面上说,它是指不畏艰难、坚忍不拔、锐意进取、奋发向上、顽强拼搏的精神风貌。简言之,艰苦奋斗,重在奋斗,贵在进取,其实质是一种积极有为、勇于创造的世界观。艰苦奋斗作为一种精神,是超越时代的,也是超越政党的,甚至是超越民族和国家的。它是一种永续的精神资源,是人类进步发展不断前行的动力。

　　艰苦奋斗精神是中华民族的优良传统,是中国社会前进的巨大推动力。毛泽东在1939年5月10日《新中华报》发表的《国民精神总动员的政治方向》一文中指出:"我们的民族历来有一种艰苦奋斗的作风,我们要把它发扬起来"。中国共产党继承了民族这一优良传统,并赋予新的内涵,展示出共产党人特有的精神风貌。

---

① 《毛泽东选集》第1卷,人民出版社1991年版,第184—185页。

艰苦朴素在共产党领导的各抗日根据地区域已蔚然成风,战时的延安与"前方吃紧、后方紧吃"的重庆形成鲜明对比,人们把艰苦朴素的优良品质视为延安时期中国共产党人的特色之一,透视出中国未来政治发展的走向。

(二)大生产运动铸就坚强毅力

共产党领导的抗日根据地,由于深处敌人四面包围的险恶环境,只能依靠自力更生与敌人展开殊死斗争。进入抗战相持阶段后,抗日根据地几乎处于与外界隔绝的境况。经济与社会各方面,出现了严重的困难局面。军事上战斗频繁,伤亡重,部队减员多。华北平原地区相继失掉,产粮区减少。抗日根据地面积大大缩小,抗日根据地总人口迅速减少。生产遭到严重破坏,财政经济遇到极端困难,给抗日根据地的生存造成极大困难。国民党顽固派断绝对共产党领导的抗日军队的供应,对陕甘宁边区进行军事包围和经济封锁,使陕甘宁边区"几乎没有衣穿,没有油吃,没有纸,没有菜,战士没有鞋袜,工作人员在冬天没有被盖"。然而,中国共产党和陕甘宁边区军民没有被困难吓倒。1939年2月,毛泽东在延安生产总动员会上作了生动而深刻的讲话,他说:"面对严重的困难,我们是饿死呢?解散呢?还是自己动手呢?饿死是没有一个人赞成的,解散也是没有一个人赞成的。还是自己动手吧!这就是我们的回答"。在严峻困难面前,毛泽东号召边区军民自己动手、丰衣足食,开展大生产运动。

边区政府成立生产委员会,采取有效措施,鼓励生产,要求在原有基础上扩大耕地面积,提高粮食产量,并号召种植经济作物,特别是纺织原料。1941年春,八路军359旅响应号召,开赴荒无人烟但土质肥沃、适于开垦的南泥湾屯田。359旅开发南泥湾,体

1939 年延安召开生产总动员大会，这是参会人员入场的情景

现了自力更生、艰苦奋斗精神。由于战士们起早摸黑地劳动，使359 旅制定了"不得早到、不得晚退"的劳动纪律。正是有了这样的英雄气概，359 旅将士"背枪上战场，荷锄到田庄"。他们在缺乏资金、工具的极端困难条件下，为解决住宿问题，自己动手挖窑洞。同时，勘察开辟地区，学习耕作技术，制作生产工具。从旅长王震到勤务员、随军家属，人人动手，开荒种地。在短短的三年中，他们自力更生、艰苦奋斗、奋发图强，把昔日人迹罕至、荆棘丛生的南泥湾变成了"陕北的好江南"，创造了有史以来部队不吃公粮而向政府交粮的奇迹。359 旅屯垦南泥湾，任务繁重，环境艰苦，为了人民的幸福和解放，官兵们以苦为荣、以苦为乐，是无产阶级价值取向的榜样。

与此同时，在延安的党政军学各方面数万人，都投入到大生产运动中。从党的主席到通讯员，从总司令到伙夫，人人动手，开荒种地，纺纱织布。毛泽东在杨家岭的河边开出一块菜地，种上了西红柿、辣椒、白菜、土豆等蔬菜。他经常利用休息时间去地里浇水、锄草、施肥，享受生产劳动带来的快乐。周恩来、任弼时参加中共中央直属机关纺线比赛，还被评为"纺线能手"。林伯渠曾表示："大学教授研究种菜养猪，干部赶牲口驮盐，县长领导变工队，专员动手打盐，旅长亲自领导改善伙食，团长亲自动手领导开荒……"① 自己动手，一切困难都微不足道了。

1943 年 359 旅指战员在大生产运动中收获成果

八路军留守兵团司令员萧劲光（站立者左四）参观机关干部纺线

---

① 林伯渠：《边区生产展览会是一年来生产斗争的缩影》，《解放日报》1943 年 10 月 13 日。

以 359 旅开发南泥湾为代表的边区大生产运动，彻底粉碎了国民党的经济封锁，战胜了物质困难，基本达到了丰衣足食，巩固了抗日根据地。大生产运动使中国共产党在物质基础方面，立于不败之地。它不只是解决了边区的吃饭穿衣问题，更是铸就了共产党人克服困难的坚强毅力，使"自力更生，艰苦奋斗"为代表的延安精神，成为战胜困难的巨大精神力量。

（三）坚定正确的政治方向为艰苦奋斗注入了强大动力

保持坚定正确的政治方向，为延安广大军民发扬艰苦奋斗精神、战胜各种困难增添了勇气和力量。1939 年，毛泽东在延安庆祝五一劳动节大会上的讲话中说："共产党历来提倡坚定正确的政治方向"，"这种坚定正确的政治方向，是与艰苦奋斗的工作作风不能脱离的，没有坚定正确的政治方向，就不能激发艰苦奋斗的工作作风，没有艰苦奋斗的工作作风，也就不能执行坚定正确的政治方向"。① 坚定正确的政治方向，从实现最终目标看，就是党的奋斗目标，共产主义理想。具体而言，就是在不同发展时期党的路线、方针和政策所要实现的目标。抗战时期，党的一切方针、政策，都是为了夺取抗战的胜利。它明确了艰苦奋斗的政治方向，陕甘宁边区的一切工作都围绕和服务于抗战这个中心，广大军民把平凡的工作同这一政治目标联系起来。因此，坚定正确的政治方向给艰苦奋斗注入了强大动力，为延安军民战胜困难增添了力量、智慧和勇气。陕甘宁边区广大军民，面对困难从不畏惧，相反呈现出一种乐观的态度。正如一位老延安说得那样："延安时期那么淳朴，那么美好的生活气氛，就是由于大家抱着一个崇高的理想，要创造

---

① 毛泽东：《国民精神总动员的政治方向》，《新中华报》1939 年 5 月 10 日。

一个新的美妙生活，新的中国与世界。生活虽苦，但苦在体肤，乐在心中"。①

机关干部自力更生纺纱织布

法国作家罗曼·罗兰说过："最可怕的敌人就是没有坚强的信念"。共产主义理想信念，是共产党人始终保持艰苦奋斗的精神动力。安娜·路易斯·斯特朗在访问延安后对党的干部做出了这样的评价："党的负责干部住在寒冷的窑洞里，吃着简单的饭食，凭借微弱的灯光，长时间地工作。那里没有讲究的陈设，很少物质享受，但是住着头脑敏锐、思想深刻和具有世界眼光的人。"共产党人就是在这样艰苦的条件下，立足中国西北一隅，从事着民族解放的伟大事业。他们胸怀坚定的理想信念，并用自己的行动诠释着艰苦奋斗的精神。艰苦奋斗精神彰显了中国共产党人敢于斗争、敢于胜利的非凡勇气；自强不息、勇往直前的进取精神；不怕牺牲、不懈奋进的坚强毅力。艰苦奋斗的精神是中国共产党在作风上区别于其他政党的显著特征，是中国共产党和人民披肝沥胆、同甘共苦的真实写照，是中国共产党领导人民不断取得胜利的精神力量。

---

① 郭德宏：《永恒的延安精神》，天津古籍出版社 2005 年版，第 63 页。

第三章　延安时期党建设廉洁政治的成功举措

　　延安时期，是指从 1935 年 10 月中央红军到达陕北至 1948 年 3 月中共中央东渡黄河迁驻华北，大约 13 年的时间。这 13 年是党在局部执政条件下推进廉洁政治建设，取得卓越成效的重要时期。这一时期，中国共产党旗帜鲜明地将建立廉洁政府、厉行廉洁政治作为陕甘宁边区政府建设的最高目标。中央明确指出，全党必须明白，我们的权力是人民给的，只能为人民谋利益，所有党员干部，都必须为人民服务。强调"共产党人的一切言论行动，必须以合乎最广大人民群众的最大利益，为最广大人民群众所拥护为最高标准"。① 坚持人民群众主体地位，高扬全心全意为人民服务旗帜，这是陕甘宁边区廉洁政治的根本点。廉洁政治本质上是人民当家做主的政治，廉洁政府就是人民当家做主的政府。这个时期，中国共产党在陕甘宁边区展开了长期的、连续的反腐败斗争，不仅有效克服了局部的腐败现象，保持了自身的政治活力，赢得了社会各界的政治信任，而且为中国新民主主义革命的胜利打下了坚实的政治基础。

---

　　① 《毛泽东选集》第 3 卷，人民出版社 1991 年版，第 1096 页。

一　延安时期党建设廉洁政治的基本动因

（一）廉洁政治是普遍的政治诉求

世界各国政治生活中都面临着这样一个问题——腐败，任何社会都无法避免。从政党政治的视角看，廉洁政治是一种普遍性的政治诉求。世界各国执政党和政府都希望通过廉洁政治建设，巩固自身的执政合法性。资产阶级政党是这样，马克思主义政党也是这样。但是，由于国体和政体的不同，马克思主义政党的廉洁政治与资产阶级政党的廉洁政治有着根本的区别。建设廉洁政治是马克思主义政党的本质要求，也是区别于其他剥削阶级政党的重要标志。早在创立科学社会主义的初期，马克思、恩格斯就明确提出，只有无产阶级运动是"绝大多数人的、为绝大多数人谋利益的运动"。马克思主义政党代表着无产阶级的根本利益，清正廉洁是马克思主义政党的鲜明特征。坚决反对消极腐败，决不能容忍腐败现象的滋生和存在，更不容许党员干部利用手中掌握的权力为己谋取私利。只有马克思主义政党，才能承担起根除腐败、铲除特权的历史使命。①

（二）建设廉洁政治是党建的重要内容

中国共产党是马克思主义政党，是无产阶级的先锋队，其宗旨是全心全意为人民服务。由于中国共产党是在半殖民地半封建社会

---

① 黄红平：《建设廉洁政治：从理念到实践》，《廉政文化研究》2014 年第 4 期。

的条件下建立起来，其成员极易受封建主义和剥削阶级思想的影响，也注定它无法超越历史局限与现实约束，不可能确保党内存在一个绝对廉洁的真空。加之党员成分复杂，出身农民和小资产阶级者居多，不同的思想意识与价值观，不同程度地出现在党内，致使党性不纯。正如刘少奇所说："党与无产阶级是经常处在其他各种非无产阶级——大资产阶级、小资产阶级、农民、甚至封建残余势力的包围之中"。[①] 无疑，这样的现实状况，使党实现廉洁政治面临更多、更艰巨的困难。但中国共产党始终把廉洁政治建设视为党的建设的重要内容之一。特别是延安时期，尤其重视廉政建设。1941 年，党在《陕甘宁边区施政纲领》里明确提出要"厉行廉洁政治"。1947 年 10 月，毛泽东将"肃清贪官污吏，建立廉洁政治"视为党的一项重要政策。党的性质、任务与宗旨，决定了中国共产党必须加强廉洁政治建设，而且必须抓好廉洁政治建设。

二　延安时期党建设廉洁政治的直接动因

延安时期，中国共产党与国民党力量相比弱小，如果要在合作抗日中赢得竞争优势，建设廉洁政治既符合党的性质和宗旨，更是一个凝聚人心、纯洁队伍、增强力量的重要命题。

（一）清除党内各种非无产阶级思想

清除党内各种非无产阶级思想，以保持党的先进性和纯洁性。

---

① 《刘少奇选集》（上卷），人民出版社 1981 年版，第 178 页。

中国共产党执政延安是处于艰难困苦的战争环境中，在抗日民族统一战线政权内，存在各个阶级和阶层，非无产阶级的思想随时可能侵蚀到党员干部。加之党内情况复杂，党员大多出身于农民和小资产阶级，也有个别投机分子混入党内。不同的思想意识，必然会不同程度地反映到党内来，对党的先进性和纯洁性构成威胁。因此，党建设廉洁政治，清除各种非无产阶级思想非常重要。

（二）消除贪腐确保执政安全

消除党内贪腐，才能确保党执政安全。抗战相持阶段到来后，边区遇到极大物质困难，艰苦生活诱发贪欲。有些党员干部素质不高，理想信念不够坚定。面对困难，持观望、犹疑态度的大有人在。形势发生好转，则又出现"一部分党员对过去艰苦斗争的生活不愿意继续的情绪"①，"有些党员受不起成功和胜利的鼓励，在胜利中昏头昏脑，因而放肆、骄傲、官僚化，以至动摇、腐化和堕落，完全失去他原有的革命性"。② 一些人利用制度漏洞，利用掌握的职权，贪赃枉法，营私舞弊，出现腐败行为。其表现主要是贪污公款、挪用公款、伪造单据、私卖公粮、公款吃喝等行为。仅1944年，边区司法部门就判处了180起贪污腐败案件，这些案件以公务人员贪污粮食的现象最为严重。此外，"红军改编后某些个别分子不愿意严格地接受共产党的领导、发展个人英雄主义、以受国民党委任为荣耀（以做官为荣耀）"③，被拉下了水。所以，消除党内贪腐，建设廉洁政治势在必行。

上述贪腐现象虽然数量有限，并发生于局部地区，但性质严

---

① 《毛泽东选集》第2卷，人民出版社1991年版，第392页。
② 《刘少奇选集》（上卷），人民出版社1981年版，第102页。
③ 《毛泽东选集》第2卷，人民出版社1991年版，第392—393页。

重。它破坏了党的声誉，降低了党在民众心中的地位，腐蚀了党的组织肌体。这些问题如不从根本上解决，那么党就极易陷入腐败的泥潭。因此，延安时期各抗日根据地和解放区，为保持中国共产党的先进性和纯洁性，避免党员干部出现腐败，维护党的良好形象，党及边区政权的反腐败斗争始终没有停止。中国共产党人深刻认识到，要确保边区执政安全以赢得中国革命彻底胜利，必须下大力气加强廉洁政治建设。

三 延安时期党建设廉洁政治的重要措施

延安时期是中国共产党建设廉洁政治的辉煌时期。当时的陕甘宁边区是全国廉洁政治建设的典范，不仅培养了一批廉洁奉公的干部，建立了一个高效廉洁的政府，而且形成了一种风清气正的社会环境和政治生态。中国共产党主要通过思想教育、制度约束和法律法规惩处等方式，打击贪腐现象，倡导艰苦奋斗、廉洁奉公的精神品质。党在陕甘宁边区建设廉洁政治的成功之处，取决于如下几个方面措施。

（一）思想教育是建设廉洁政治的基础

实践证明，具有坚定的政治立场、高尚的道德品质的人，是不会贪污腐化的。以毛泽东为代表的中国共产党人，始终坚持把思想教育置于党员干部廉洁教育的第一位，将坚定正确的政治方向视为党员干部的第一准则。毛泽东要求一切共产党员应抱有"三个牺牲"的决心，即为人民而牺牲升官、牺牲发财和牺牲自己生命的决心。① 他强调："共产党是为民族、为人民谋利益的政党，它本身决无私利可图"。② 1939 年 7 月，刘少奇在《论共产党员的修养》中指出："绝不能把共产党看作是图谋党员私利的、行会主义的小团体"。③ 尤其在抗日民族统一战线形势下，中共中央把对干部的廉洁教育放在更加重要的地位，以警惕"国民党对共产党干部所施行的升官发财酒色逸乐的引诱"。④

当边区经济面临困难，毛泽东提醒党员干部应保持正确立场，勤俭节约，不要浪费。1936 年，毛泽东在给叶剑英、刘鼎的信中说："经济甚紧，外面用费须节省又节省，千万不可过费。无论何时不要丧失我们的立场，不要接受别人的馈赠"。毛泽东在信里特别强调，"苦久了的人难免见风华而把握不住，故应作为一个问题，对同志做教育与警戒的工作"。⑤ 边区政府明令"不急之务不举，不急之钱不用，且须用在急务和急用上，力求合理经济"。⑥ 1938 年 9 月至 11 月，党的六届六中全会召开，毛泽东要求共产党员在政府工作中，应该是十分廉洁、不用私人、多做工作、少取报酬的模范。他告诫共产党员无论何时何地都不应把个人利益放在第一位，而应将个人利益服从于民族的和人民群众的利益。

同时，陕甘宁边区政府还加强党员干部的公仆观教育。公仆观教育主要体现为宣传学习"为人民服务"的思想。边区政府开展了学习白求恩、张思德的教育活动，号召党员干部学习他们毫不利己、专门利人的高尚情操和全心全意为人民服务的精神。陈云在

---

① 《毛泽东文集》第 2 卷，人民出版社 1993 年版，第 119 页。
② 《毛泽东选集》第 3 卷，人民出版社 1991 年版，第 809 页。
③ 《刘少奇选集》上卷，人民出版社 1981 年版，第 134 页。
④ 《毛泽东选集》第 2 卷，人民出版社 1991 年版，第 392 页。
⑤ 《毛泽东文集》第 1 卷，人民出版社 1993 年版，第 453 页。
⑥ 陕西省档案馆、陕西省社会科学院：《陕甘宁边区政府文件选编》（第 7 辑），中国档案出版社 1988 年版，第 103 页。

《怎样做一个共产党员》《党的支部》等文章中强调指出：共产党员的模范作用，"应该始终不变地坚持自己的立场。任何威胁，任何利诱，都不能动摇自己的立场"，这个立场就是服务人民的立场。刘少奇在《论共产党员的修养》中，指出了党内任何人都不能享有特权，特权对共产党员来说是一种侮辱。共产党员应与人民同呼吸，共命运。通过教育活动，为人民服务的思想深入到了延安军民的心灵深处，成为延安军民的道德准则。通过公仆观教育，引导党员干部树立清正廉洁的公仆意识，提高边区党员干部的思想素质，筑牢拒腐防变的思想堡垒。

"廉以生德，廉以聚众"。正是党的领导人带头清廉自守，创造了陕甘宁边区政通人和的政治局面。

1937 年 12 月陈云在延安

（二）制度建设是建设廉洁政治的根本

建设廉洁政治当加强制度建设，中国共产党注重从源头上根除腐败滋生的土壤，高度重视惩治腐败的制度建设，制定了一整套法律法规，规范党员干部的从政行为，也使惩治贪腐行为有法可依。据不完全统计，延安时期陕甘宁边区政府制定和颁布了共计 64 个类别，总数达 1000 件的法律法规，有效打击和遏制了贪污腐败行为，极大保障了公务人员廉洁奉公、廉洁从政。延安时期，中国共产党始终把刹风整纪，严惩腐败作为纯洁党员干部队伍的重要任务。陕甘宁边区积极厉行廉洁政治，努力将中国共产党建设成为一个清正廉洁的党，将陕甘宁边区政府建设成为一个廉洁为民的政府，促使党员干部形成廉洁从政的优良作风。

第一，提出了建立廉洁政府的建政目标。建立廉洁政府，是中国共产党施政纲领的一项重要内容。边区厉行廉洁，严禁贪污。1937 年 8 月中共洛川会议颁发的《抗日救国十大纲领》，明确提出了"铲除贪官污吏，建立廉洁政府"的建政目标。这表明，在炮火连天的抗战时期，中国共产党丝毫没有放松廉政建设。

第二，颁布了具有宪法性质的《陕甘宁边区施政纲领》。1939 年 4 月，陕甘宁边区政府公布的《陕甘宁边区抗战时期施政纲领》规定："发扬艰苦作风，厉行廉洁政治，肃清贪污腐化。"1941 年 5 月，中共中央政治局通过了《陕甘宁边区施政纲领》，纲领规定："厉行廉洁政治，严惩公务人员之贪污行为，禁止任何公务人员假公济私之行为，共产党员有犯法者从重治罪"。[①] 这些规定把厉行廉洁政治作为抗日民主政府的目标，从而保证把廉政建设纳入法制的轨道，也表明了中国共产党从严治党的决心。陕甘宁边区的施政纲领及对公务人员廉洁从政的规定，具有最高的法律约束，特别是对党员有犯法者从重治罪的规定，体现了对共产党自身更为严厉的

---

① 中共中央文献研究室：《建党以来重要文献选编》（第 19 册），中央文献出版社 2011 年版，第 241—242 页。

要求，以保证廉洁政府的建设。

第三，制定了专门的惩贪法律规范。主要包括《关于惩治贪污浪费行为》第 26 号训令、《陕甘宁边区惩治贪污暂行条例》和《陕甘宁边区惩治贪污条例（草案）》《陕甘宁边区宪法原则》等。尤其是 1939 年公布的《陕甘宁边区惩治贪污条例（草案）》，是党这一时期制定的第一部较为完备的惩贪法律文献。条例对贪污行为有严格的界定，并施以相应的量刑。如第三条规定："（1）贪污数目在一千元以上者，处死刑；（2）贪污数目在五百元以上者，处以五年以上有期徒刑或死刑；（3）贪污数目在三百元以上五百元以下者，处以三年以上五年以下之有期徒刑……"① 该条例出台之后，其他地区从本地实际出发也制定了一些惩贪法规。如 1940 年颁布的《山东省惩治贪污暂行条例》、1942 年颁布的《晋冀鲁豫边区惩治贪污条例》和同年颁布的《淮北苏皖边区惩治贪污暂行条例》等。这些法规制度不仅对贪污犯罪行为产生了极大震慑作用，而且保障了公务人员依法行政，并推进了廉洁政府建设。

第四，制定了具有约束力的行为规范。为了使政务人员保持廉洁奉公，陕甘宁边区政府于 1943 年上半年连续颁布了《政务人员交代条例》《政纪总则草案》《政务人员公约》等廉政法规。为避免政务人员在职务交接中出现贪污行为，1943 年 3 月，边区政府特别颁布了《陕甘宁边区政务人员交代条例》。《条例》对前后任需要交代的事项提出了明确要求，并且对前后任违规行为做出了处罚规定："前任因被裁或调任，遇交代不清逾期三月者，得呈请边区政府依其情节轻重处分之；如涉及司法范围者，得送请司法机关惩办之"。

① 艾绍润、高海深：《陕甘宁边区法律法规汇编》，陕西人民出版社 2007 年版，第 88—89 页。

"前项情形，如后任或监交人员通同作弊时，得依法惩办之"。① 这一《条例》，堵塞了政务人员前后任之间的漏洞，有效防止不廉洁行为的发生。此外，边区政府还制定了审计、财政、税收等条例。这对政务人员奉公守法、清正廉洁有积极作用。同年 4 月，边区政府颁发的《陕甘宁边区政纪总则（草案）》明确规定：各级政府或政务人员，"如接得人民向上级政府控告的诉状，特别是控告政务人员的诉状，须随时负责转呈上级政府，不得有任何阻难，亦不得置之不理"。边区政府要求各级政府和政务人员要勤政爱民。同年 5 月公布的《陕甘宁边区政务人员公约》规定：政务人员应有的品格是，"要在品行道德上成为模范，为民表率。要知法守法，不滥用职权，不假公济私，不要私情，不贪污，不受贿，不赌博，不腐化，不堕落"。② 以上规定，使公职人员言有所依，行有所规，起到了很好的警示作用。通过这些法规，廉政建设逐步纳入了法治轨道。

（三）执行严格的肃贪惩腐奖廉机制

依法肃贪惩腐奖廉，是保证边区政府做到廉洁的关键所在。延安时期，党对党内的贪污腐败分子，历来是严厉惩处，不做任何妥协和让步。早在 1929 年 12 月，毛泽东起草的红四军第九次党代会决议案中就明确规定："如政治观念错误，吃食鸦片，发洋财及赌博等，屡教不改的，一律清洗出党。"1937 年 10 月，延安发生了黄克功案。陕甘宁边区高等法院顶住压力，依法判处黄克功死刑。

---

① 王建明：《陕甘宁边区法律法规汇编》，三秦出版社 2010 年版，第 140—141 页。

② 陕西省档案馆、陕西省社会科学院：《陕甘宁边区政府文件选编》第 7 辑，中国档案出版社 1988 年版，第 224 页。

毛泽东在给法院院长雷经天的复信中认为，如果赦免了黄克功，"便无以教育党，无以教育红军，无以教育革命者，并无以教育做一个普通的人"。"共产党与红军，对于自己的党员与红军成员不能不执行比较一般平民更加严格的纪律。一切共产党员，一切红军指战员，一切革命分子，都要以黄克功为前车之戒"。① 对黄克功案件的处理，是延安时期从严治党的一个范例。边区政府在1942年还查处了180多名贪污腐化分子，有力震慑了犯罪分子，教育了广大党员干部。《陕甘宁边区惩治贪污条例（草案）》明确规定：克扣、截留、侵吞、浪费公共财物；擅移公款；虚报账目；收受贿赂等十种行为，凡有上述行为之一者，均以贪污罪论处。贪污数目在500元以上的，要处5年以上有期徒刑或者死刑。1941年，陕甘宁边区甘泉县张家畔税务分局长肖玉璧，任职期间利用职权贪污公款3050元，被陕甘宁边区高等法院判处死刑。肖玉璧案的处理，表现了中国共产党"在'廉洁政治'的地面上，不容许有一个'肖玉璧'式的莠草生长"② 的决心，充分体现了党依法肃贪惩腐之严厉。另外，为了维护党的纪律严肃性，1940年4月，陕甘宁边区党委做出了《关于开除党员党籍问题的决定》，对于违纪党员，不论出身如何，党龄长短，贡献大小，一律依纪严惩不贷。正是对贪污腐化分子和蜕化变质分子采取了严厉制裁措施，警示、教育了广大党员干部，陕甘宁边区腐败案件于是逐年大幅度下降。据统计，陕甘宁边区的贪污案件1939年为360起，1940年为644起。经过财政制度的整顿和对贪污行为的打击，1941年下降为153

---

① 《毛泽东书信选集》，人民出版社1983年版，第110页。
② 《从肖玉璧之死说起》，《解放日报》1942年1月5日。

起①，干部总体上做到了清正廉洁。这一时期，从严要求党员干部，对于党员干部中的消极腐败现象和腐败分子，依法严厉惩处，决不手软，是中国共产党对付腐化行为的重要原则。

在肃贪惩腐的同时，陕甘宁边区政府对廉洁奉公、勤俭节约的干部给予奖励。1943 年 4 月，边区政府公布了《陕甘宁边区各级政府干部奖励暂行条例（草案）》。《条例》提出了六种奖励办法，即提升；记功（记大功或记功）；给予奖章奖状等；书面奖励（传令嘉奖、通令嘉奖、登报嘉奖）；物质奖励；口头奖励（当众宣传等）。② 为了唤起更多干部廉洁从政，中央非常重视对廉政典型进行奖励。在 1943 年西北局高干会上，中共西北局不仅奖励了先进集体，如延安县、延安县南区合作社和八路军 359 旅，而且还奖励了先进个人，其中有八路军 359 旅旅长王震、关中分委书记习仲勋、陇东分区专员马锡五、华池县县长李培福等 22 名英雄人物，毛泽东还给他们题词鼓励。据有关部门统计，在 1938 年至 1944 年，各根据地受到奖励的英模人物达到 6113 人之多，其中边区一级劳模有 1809 人。③ 同时，中共中央和边区政府决定：不急之务不举，不急之钱不用，且须急务和急用，力求合理经济。除保证给养外，其他消费，概须厉行节省。要提倡勤俭朴素，避免铺张浪费……减少公差公马，提倡动手动脚……坚持廉洁节约的作风，严厉反对贪污腐化现象。由于边区政府实施了廉洁政治建设的重要举措，边区出现了以廉为荣、以贪为耻的良好社会风尚。

① 张希坡、韩延龙：《中国革命法制史》（上册），中国社会科学出版社 1987 年版，第 337 页。
② 蔡世忠：《中国共产党延安时期"厉行廉洁政治"的制度设计考论》，《理论导刊》2014 年第 11 期。
③ 雷青松：《延安时期中共廉洁政治建设考论》，《学术交流》2015 年第 5 期。

王震（右）陪同毛泽东（中）、朱德（左）检阅南下支队

（四）监督机制是建设廉洁政治的有效途径

实行监督机制，是廉洁政治建设的最有效途径。延安时期，党和边区政府在廉政建设中，运用监督机制对党员干部进行有效监督，主要集中于四个方面。

一是人民监督。为了使人民有效监督政府，陕甘宁边区政府颁布了相关法律法规，支持人民对任何公务人员的监督，如《陕甘宁边区施政纲领》赋予人民使用"任何方式控告任何公务人员非法行为之权利"。1942年2月颁布实施的《保障人权财权条例》明确规定："人民利益如受到损害时，有用任何方式控告任何公务人员非法行为之权"。[①] 为了让人民控告干部的案件得到解决，1945年10月边区政府颁布了《认真处理人民控告干部案件的命令》。《命令》对人民控告表示支持，要求公务人员必须认真负责地对待群众控告，"实事求是地切实查明，公平处理，切不可敷衍了事，

---

① 王建明：《陕甘宁边区法律法规汇编》，三秦出版社2010年版，第7页。

更不可有偏袒政务人员的行为"。① 这项命令有效保护了人民控告政务人员不端行为的权利。除此之外,边区政府还于1942年6月和1945年9月,分别发布了《陕甘宁边区政府关于派公正干部切实调查群众控告案件的命令》《令各县政府对人民控告干部的案件应及时认真负责处理》的命令,强调一定要派公正的人去切实调查控告案件,中间不能有丝毫袒护或者敷衍了事的情形,要做到真正大公无私,为人民解除一切痛苦。1941年后,边区政府主席林伯渠收到检举或控告材料137件。中央和边区政府对于控告案件的处理,力求公正及时。这137件检举材料,都及时收到了回复或者处理结果的反馈。这样极大地促进了廉政监督工作的开展。②

1937年毛泽东、朱德、周恩来、林伯渠在延安

1945年7月黄炎培访问延安,毛泽东回答他跳出"历史周期

---

① 甘肃省社会科学历史研究室编:《陕甘宁革命根据地史料选辑》(第1辑),甘肃人民出版社1981年版,第11页。

② 《第七章 延安时期的法制建设与监督机制》,2016年1月8日,秦风网,ht-tp://www.qinfeng.gov.cn/info/2017/110480.htm。

律"的方法时说："只有让人民来监督政府，政府才不敢松懈。只有人人起来负责，才不会人亡政息"。①延安时期之所以"只见公仆不见官"，是因为公仆时时处在人民的监督之下。

二是参议会监督。参议会分为边区、县、乡三级。边区参议会是边区的最高权力机关和民意机关，它对政府的监督具有最高权威性。1941年通过的《陕甘宁边区各级参议会组织条例》规定：边区参议会有"监察及弹劾边区各级政府、司法机关之公务人员"的权利；县（或等于县的市）参议会有"监察及弹劾县（市）政府、司法机关之公务人员"的权力；乡市参议会"可以监督与弹劾乡市及村坊行政人员"。②陕甘宁边区还设立了参议会常驻委员会，《条例》特别强调，边区及各县（或等于县的市）参议会常驻委员，在休会期间，除处理常驻会日常外，还要履行各项职权，包括监督职权。这些规定，有助于监督政府权力运行的制度化和常态化。总之，参议会及其常驻会和常驻委员重视监督政府工作的权利，经常搜集人民的意见，定期召开会议。在各级参议会上人民大胆地批评政府，积极提出意见和议案。

三是党和政府监督。延安时期，党非常重视党内监督的作用。1938年10月，中共中央通过了《中共扩大的六届六中全会关于各级党委暂行组织机构的决定》，决定在"区党委之下，得设监察委员会"，规定了监察委员会的各项职能。为进一步规范党内的监督机制，1945年七大党章对党的监察机关产生的办法、任务、职权、领导体制都作了规定。七大党章明确指出：党的中央委员会认为必

---

① 黄炎培：《八十年来·延安归来》，文史资料出版社1982年版，第148—149页。

② 中国科学院历史研究所第三所编辑：《陕甘宁边区参议会文献汇辑》，科学出版社1958年版，第117—119页。

要时，应该成立党的中央监察委员会及各地方党的监察委员会；中央监察委员会，由中央全体会议选举产生，各地方党的监察委员会，由各地方党委全体会议选举产生，并报上级组织批准；监察委员会的职责是"决定或取消对党员的处分，受理党员的控诉"。①政府的监督是政府各部门间的相互监督。边区政府专门设立了边区审计处和行政督察员公署，审计处行使行政监督和经济监督的职权，行政督察员公署的职责是对政府各个部门进行全方位的监督。总之，这两个机构具体负责审计和监督政府各部门的经济和行政事宜，以实现对政府权力运行的有效监督。

四是检察机关监督。检察机关的监督，主要是对政务人员进行法律监督。1939年，《陕甘宁边区高等法院组织条例》规定："高等法院设检察处，设检察长及检察员独立行使检察权。各县设检察员处理法律监督事务"。② 1942年1月，根据简政精神，边区政府决定裁撤各级检察机关。1946年，陕甘宁边区第三届参议会通过决议，决定成立独立建制的边区高等检察处，不再隶属于边区高等法院。检察处建制分为三级，高等检察处，分区高等检察处分处，县检查处。③ 其职能除了对刑事案件提起公诉外，最主要的就是检举政务人员贪污受贿的行为。检察机关独立于边区其他政府机构，行使检察权非常有利。其运用法律手段对公务人员进行监督，对公务人员廉洁从政具有重要意义。

---

① 中共中央文献研究室：《建党以来重要文件选编》（第22册），中央文献出版社2011年版，第546—547页。

② 中国科学院历史研究所第三所编辑：《陕甘宁边区参议会文献汇辑》，科学出版社1958年版，第63页。

③ 杨永华：《中国共产党廉政法制史研究》，人民出版社2005年版，第229页。

（五）领导垂范做建设廉洁政治的表率

古人云："其身正，不令而行；其身不正，虽令不从"。党员干部应以身作则，做好表率，要求别人做到的，自己首先做到。延安时期的陕甘宁边区，从党的高级领导到基层干部，模范遵守法令、规章制度，廉洁奉公，不搞特殊化。抗战爆发后，毛泽东的亲戚文运昌因家庭困难，想去延安投靠毛泽东。1937 年 11 月 27 日，毛泽东写信给文运昌，信上说道："我们这里仅有衣穿饭吃，上自总司令下至火夫，待遇相同，因为我们的党专为国家民族劳苦民众做事，牺牲个人私利，故人人平等，并无薪水"。① 毛泽东婉言劝说文运昌不要来延安。

在陕甘宁边区，从毛泽东、周恩来、朱德等中央领导到边区政府主席林伯渠等边区领导，都是廉洁奉公的模范。毛泽东非常注重节俭，他穿的衣服，领子、袖口和裤腿都打着补丁。他穿着这样的衣服作报告、开会。他的一支铅笔用得握不住了，仍然舍不得扔。他在思考问题时总是把灯芯拧小，以节省灯油；他继续写作时，才把灯芯拧大。他艰苦朴素、廉洁奉公的作风，使边区的干部和群众受到极大鼓舞，也使来延安采访的外国记者深受感动。边区政府主席林伯渠下基层调研时，"少骑公马多徒步，不要随从来照护，携带两个冷馍馍，一天开会好几处"。② 他响应"增产节约"的号召，制订了个人的生产节约计划。朱德七次率领干部实地考察南泥湾，自己经常背上粪筐拾粪积肥，带头劳动。身为八路军总司令，他不但自己勤俭节约，还教导战士们：我们"要与人民同呼吸，共患

---

① 逄先知主编：《毛泽东年谱》（1893—1949）中卷，中央文献出版社 2002 年版，第 39 页。

② 郭文军：《延安时期廉政建设的特点》，《党建研究》1994 年第 4 期。

难，要和人民群众一样生产和节俭，不能搞特殊化。这样，我们的军队才有力量，才能打败日本侵略者，取得革命的胜利"。① 周恩来处处严格要求自己，他表示："我们要像蚕一样，将最后的一根丝都吐出来贡献给人民"。任弼时带病工作，医生和警卫员劝他休息，他却说："没有关系，我们都是共产党员，能坚持一百步，就不走九十九步"，他强调，"我们的工作，只许往前赶，不许往后拖呀"。组织上为照顾体弱多病的王稼祥，规定他的伙食费实报实销，但他从不因此而搞特殊化，每餐一菜一汤，很少吃肉。抗战时期彭德怀立下一条军令：下部队巡查，不得为他另炒小菜。1942年，为救济太行山一带的灾民，彭德怀"也和士兵一起以野菜充饥，并连个人仅供零用的稿费也捐了出来"。② 这一切正像边区政府主席林伯渠所说："我们的工作人员大都是一些不知疲倦的人民的公仆，他们念念不忘的，只是抗战与人民的整体利益"。③ 边区的廉洁氛围是党的领袖们和干部群众朴素生活的真实写照。

1942 年毛泽东在延安给 120 师的干部们作报告

① 黄宏主编：《延安精神》，人民出版社 2005 年版，第 233 页。
② 军大政治部编：《现中国的两种社会》，东北书店 1949 年版，第 77—78 页。
③ 武汉延安精神研究院：《延安精神研究》第 1 辑，武汉出版社 2008 年版，第 51 页。

毛泽东在党的七大上谈到抗日根据地与国统区的区别时深有感触地说："利用抗战发国难财，官吏即商人，贪污成风，廉耻扫地，这是国民党区域的特色之一。艰苦奋斗，以身作则，工作之外，还要生产，奖励廉洁，禁绝贪污，这是中国解放区的特色之一"。①任何一种文化氛围和社会精神的形成，都要经历从上向下的传播过程。党的高级领导人禁绝特殊、廉洁奉公的言行，是陕甘宁边区形成清风正气良好的社会环境的重要因素之一。领导干部带头，做艰苦奋斗的表率，廉洁自律的表率，团结统一的表率，大公无私的表率，养成了党员干部勤政为民的公仆意识，廉洁奉公的基本品质和艰苦朴素的工作作风，形成了各根据地"只见公仆不见官"的特有政治生态。②

1940年6月，爱国华侨陈嘉庚把在重庆和延安两地的所见所闻作了一番生动具体的比较后说：在延安的"所见所闻，不论政治与军事，大出我意外。军事则与民众合作，联络一气，同甘共苦，推诚相待。至政治方面，其领袖及一般公务员，勤俭诚朴，公忠耐苦，以身作则，纪律严明，秩序井然。优待学生，慎选党员，民生安定。其他兴利除弊，都积极推行"。"余观感之下，衷心无限兴奋，喜慰无可言喻，认为别有天地，如拨云雾而见青天。前此忧虑建国未有其人，兹始觉悟其人乃素蒙恶名之共产党人物，由是断定国民党政府必败，延安共产党必胜"。③陈嘉庚一席话道出了延安特有的风清气正的廉洁景象，并坚信共产党一定能取得胜利。

毛泽东在给郭沫若的信中写了这样一副对联："重庆无官不墨

---

① 《毛泽东选集》第3卷，人民出版社1991年版，第1048页。
② 卜万红、赵蒙蒙：《延安时期廉政文化建设要论》，《廉政文化研究》2015年第1期。
③ 师乃松：《陕甘宁边区的党风廉政建设》，《党史文汇》2011年第6期。

吏，延安无土不黄金"（七律忆重庆谈判 1947 年秋）。这从一个侧面反映了陕甘宁边区廉政建设的成果。延安时期的陕甘宁边区，是全国最进步的地方。"这里是民主的抗日根据地。这里一没有贪官污吏，二没有土豪劣绅，三没有赌博，四没有娼妓，五没有小老婆，六没有叫化子，七没有结党营私之徒，八没有萎靡不振之气，九没有人吃摩擦饭，十没有人发国难财"。① 边区政府清廉，军队和人民意气风发，百姓安居乐业，延安成为革命的圣地，成为数万革命青年和众多仁人志士向往、投奔的地方。②

延安时期，中国共产党坚持杜绝特权、官兵一致、军民一致的政治原则和艰苦朴素、廉洁奉公的高尚品质，赢得了人民群众的爱戴和拥护。英国前首相爱德华·希思在回忆毛泽东的文章《不停顿的革命者》中写道："我之所以提到他（毛泽东）的生活方式，是因为毫无疑问，亿万中国人民感到，他同他们过着同样的日常生活。他的生活绝对简朴，正如他的教导那样，亿万中国人民对他的忠诚和拥戴，在很大程度上说来，正是由此产生的"。③ 延安时期，中国共产党塑造的"只见公仆不见官"的政府形象，当永远保持下去。

反对腐败、建设廉洁政治是党一贯坚持的政治立场，是人民关注的重大政治问题。1989 年 9 月，邓小平明确提出，在整个改革开放过程中都要反对腐败，实行廉洁政治。1993 年 8 月，江泽民强调指出："我们要善于总结经验，反对腐败，搞廉洁政治。"2005 年 1 月，胡锦涛重申要建设廉洁政治。习近平在十八届中央

---

① 《毛泽东选集》第 2 卷，人民出版社 1991 年版，第 718 页。

② 胡为雄：《延安精神：中国共产党人永远的精神家园》，《中国延安干部学院学报》2011 年第 4 期。

③ 刘光荣主编：《毛泽东的人际艺术》，中共中央党校出版社 1992 年版，第 197页。

纪委第二次全会上的讲话中指出："党的十八大提出建设廉洁政治的重大任务，要求做到干部清正、政府清廉、政治清明。这'三清'对党风廉政建设和反腐败斗争提出了更高的要求。"建设廉洁政治的长远战略目标，明确了反腐倡廉建设发展方向。在廉洁政治这一目标体系中，干部清正是基础，政府清廉是关键，政治清明是目的，三者既是相互依存的有机整体，又构成层层递进的逻辑关系。由此可见，建设廉洁政治是贯穿于我们党建设始终的重大任务，是我们党一以贯之的政治追求和永久的历史课题。

第二编 实践篇

第四章　重视理论学习
坚定理想信念

　　理想信念是党的灵魂，是共产党人的精神之钙。坚定的理想信念始终是党员干部站稳政治立场、抵御各种诱惑的决定性因素。坚定的理想信念需要科学理论的支撑。中国共产党人的理想信念是建立在对马克思主义理论的理性认同上的，如果不懂马克思主义理论，理想信念就会迷失。延安时期，中国共产党注重马克思主义理论的研究与教育，坚定理想信念，为我们留下了宝贵的经验。

一　毛泽东学哲学

（一）发奋读书

　　毛泽东一生博览群书，中外古今的优秀书籍都会吸引他。延安时期，毛泽东更是勤奋读书。经过长征，红军到达陕北后，毛泽东反思"左"倾教条主义的危害，认为要克服这种危害必须找到正确的理论。为此，1939 年前后，他阅读了大量的书籍，特别是哲学类书籍。据美国记者斯诺回忆："毛泽东是个认真研究哲学的人。我有一阵子每天晚上都去见他，向他采访共产党的党史，有一次一个客人带了几本哲学新书来给他，于是毛泽东就要求我改期再谈。他花了三四夜的功夫专心读了这几本书，在这期间，他似乎是什么都不管了。他读书的范围不仅限于马克思主义的哲学家，而且也读过一些古希腊哲学家、斯宾诺莎、康德、歌德、黑格尔、卢梭等人的著作。"① 这段时间，毛泽东认真研读了十几种马列主义经典论著，如《费尔巴哈论》《〈政治经济学批判〉导言》《反杜林论》《哲学笔记》《关于辩证法问题》《唯物论与经验批判论》以及《论列宁主义的基础》等。除了马恩列斯的经典论著之外，毛泽东还研读了很多种其他哲学著作，如国外学者著的《辩证法唯物论教程》《辩证唯物论与历史唯物论》，艾思奇的《哲学与生活》《思想方法论》等。毛泽东在这些著作上圈圈点点、写批做注，努力搞清楚书里所写哲学原理的含义及其运用问题。

毛泽东在读书

① ［美］埃德加·斯诺：《西行漫记》，董乐山译，生活·读书·新知三联书店1979 年版，第 67—68 页。

第二编 实践篇

毛泽东读马列、研究哲学并不是单纯地学习书本的词句，没有把书本的表达教条地理解，而是把它当成"革命的科学"，以实事求是的态度来学习，学习其中的观察问题和解决问题的立场和方法，他非常重视联系中国实际、党的实际和自身实际来理解和阐述原理。延安时期，毛泽东的哲学研究为党的实事求是思想路线的形成奠定了哲学基础，推动了马克思主义与中国实际的结合，推动了马克思主义中国化的历史进程。

（二）讲学著述

1937 年 6 月 5 日，毛泽东在中共中央政治局会议上分析，党建立 15 年以来所犯的错误特别是"左"的错误，原因就在于唯物辩证法思想在党内还没有普及和深入。要彻底地克服"左"倾错误，就必须在干部中进行马克思主义辩证法和方法论的教育。全党同志应该从哲学和世界观的高度研究中国革命的经验与教训，坚持用马克思主义哲学思想武装自己。1938 年，毛泽东在中共中央政治局六届六中全会上向全党发出号召："我们努力罢，从我们这次扩大的六中全会之后，来一个全党的学习竞赛，看谁真正学到了一点东西，看谁学的更多一点，更好一点。我们的工作做得还不错，但如果不加深一步地学习理论，就无法使我们的工作做得更好一些，而只有使我们的工作做得更好一些，才有我们的胜利。因此，学习理论是胜利的条件。"[①] 因此，毛泽东不但自己积极研究哲学，还把自己的所学所思写成讲稿，在陕北公学、中国人民抗日军事政治大学（简称抗大）等亲自讲授或演讲。他用通俗的语言和生动

---

① 中央档案馆：《中共中央文件选集》（11），中共中央党校出版社 1991 年版，第 657—658 页。

的事例向党的干部讲授马克思主义哲学，讲完后组织讨论以发现其中的问题。毛泽东回忆说，那时候自己是三天一小讲、五天一大讲。每次讲完，毛泽东都会认真地总结、反思和完善授课讲稿。如此一来，毛泽东对马克思主义哲学原理有了更深刻的理解，他联系中国革命、中国共产党和自己的实际深入思考这些原理，在很多领域进行了充分阐述和创造性发展，写成了许多哲学名篇。例如，著名的《实践论》和《矛盾论》，都是他为抗大学员讲课的内容。两篇著作的共同主题是提倡主观和客观相统一、理论与实践相结合，对中国革命的经验从世界观和方法论的高度作了深刻的总结，为解决党的思想路线问题奠定了坚实的哲学基础。

毛泽东在抗大作报告

　　另外，毛泽东还通过其他方法积极推动全党的哲学学习。首先，倡导成立哲学研究团体，如1938年，成立了以毛泽东为组长的延安新哲学会，参加者主要是党政军主要负责干部。其次，推动出版了很多哲学著作，如《马克思恩格斯关于唯物史观的书信》

《列宁主义基础》等。最后，支持各机关哲学学习小组的活动，组织哲学演讲，介绍哲学学习方法等。毛泽东积极推动党的干部认真研究马克思主义哲学，力求使马克思主义哲学思想真正成为中国共产党人的世界观和方法论。全党干部兴起了学习和研究马克思主义哲学的热潮，推动了中国共产党系统接受马克思主义理论的步伐。这对提高全党的马克思主义理论水平，认清"左"倾教条主义的错误，坚定正确的政治方向和理想信念大有助益。

二 加强高级干部教育

陕甘宁边区建立之后，面对复杂的革命形势，毛泽东总结党的历史经验，做出了"政治路线确定之后，干部就是决定的因素"的重要论断。延安时期的革命干部大都是在斗争中成长起来的，他们不缺少斗争经验，但是马克思主义理论水平比较低，加强干部教育势在必行。中共中央推行一系列措施，推进干部教育实践发展。延安干部教育分为在职教育和学校教育，结合革命实际和干部自身的需要选择适合的教育方式。特别是这一时期的高级干部教育，遵循理论联系实际的原则，以提高马克思主义理论水平和分析、解决中国问题的能力为目的，找准了干部教育的根本方向。

（一）中共中央推动高级干部教育

到达陕北之后，中共中央逐步把干部教育提上日程。中共中央强调马克思主义理论学习的重要性，更强调领导干部加强理论学习的重要性，"如果我们党有一百个至二百个系统地而不是零碎地、实际地而不是空洞地学会了马克思列宁主义的同志，就会大大地提高我们党的战斗力量，并加速我们战胜日本帝国主义的工作。"① 因此，干部教育是重要的"战斗任务"。

1938 年，毛泽东在党的六届六中全会指出："一般地说，一切有相当研究能力的共产党员，都要研究马克思、恩格斯、列宁、斯大林的理论，都要研究我们民族的历史，都要研究当前运动的情况和趋势；并经过他们去教育那些文化水准较低的党员。特殊地说，干部应当着重地研究这些，中央委员和高级干部尤其应当加紧研究。"② 这就指明了干部教育的方向、主要内容和原则。毛泽东同时强调，要学习和研究具体的马克思主义，结合中国的特点，使马克思主义带有中国的特性，解决中国的问题，推进马克思主义中国化。

1939 年 2 月，中共中央设立了干部教育部，由张闻天任部长，领导组织全党开展马克思列宁主义理论的学习运动。同年 5 月 20 日，毛泽东出席在职干部教育动员大会，他在讲演中再次强调全党干部的学习运动"有头等重要的意义"。1939 年 6 月 10 日，毛泽东在延安高级干部会议上作报告，强调了在职干部教育的问题，提出建立每日两小时的学习制度。实行自动与强制并重、理论与学习一致的原则。对勤学者奖，怠惰者罚。当月，中共中央正式颁布实施"延安在职干部教育暂行计划"，延安及附近的干部广泛地参与了学习。

1941 年 5 月 19 日，毛泽东在延安党的高级干部会议上作《改造我们的学习》的报告，他明确指出中国共产党的二十年，就是

① 《毛泽东选集》第 2 卷，人民出版社 1991 年版，第 533 页。
② 同上书，第 532 页。

马克思列宁主义与中国革命的具体实践相结合的二十年。毛泽东提出理论联系实际是党的指导思想，是党的一切工作的指导方针。党内出现对待马克思主义理论的路线错误，其思想根源主要是广泛存在于党内的理论与实践相分离的主观主义倾向，研究马克思主义却"不注重研究现状，不注重研究历史，不注重马克思列宁主义的应用"。理论与实践分离是反科学、反马克思主义的主观主义作风。克服党内对待马克思主义的错误倾向，必须把马克思主义的普遍真理与中国的实际结合起来。当时在延安参加学习的干部认真学习马克思主义经典著作，研读党的历史文献，开展批评与自我批评，总结历史经验，极大地提高了理论水平和思想认识。

1941 年 9 月 10 日至 10 月 22 日，中共中央政治局在延安召开扩大会议。会议讨论了如何发动全党进行思想革命，如何使全党干部掌握马克思主义普遍真理同中国革命具体实践相结合，如何使党的组织达到真正的团结和统一等问题。会议决定成立各地高级学习组，组织高级干部学习。1941 年 9 月 26 日，中共中央发布《关于高级学习组的决定》宣布：为提高党内高级干部的理论水平和政治水平，决定成立高级学习组。《决定》明确要求：以理论与实践相统一为学习方法，着重学习马恩列斯的思想方法论，研究党的历史与中国革命的其他问题，以克服主观主义等错误思想，发展革命理论。在延安和其他重要地点成立高级学习组，由中央学习组管理指导，毛泽东和王稼祥分别担任正、副组长。1941 年 11 月 21 日，中共中央又决定在中央学习组之下，设立军事高级学习组，朱德、叶剑英分别任正、副组长。

1941 年 12 月 17 日，中央政治局通过了《关于延安干部学校的决定》，指出过去干部教育中的基本缺点是主观主义和教条主义的存在导致了学习中理论与实际、所学与所用的脱节现象。为了彻底克服这些缺点，使广大干部善于用马克思主义的基本立场、观点和方法去分析实际问题、指导革命工作，《决定》强调干部教育必须贯彻理论与实践、所学与所用一致的基本原则，使广大干部养成善于应用马克思主义的精神和方法，分析问题和指导革命实践的习惯。

（二）成立培养高中级干部的学校——中共中央党校

延安时期的中共中央党校是为我党培养高中级干部的主要学校，是对党员干部进行马克思列宁主义教育的重要阵地，在延安干部教育运动中发挥着非常重要的作用。

1935年11月，在瓦窑堡召开的中央政治局扩大会议上，中共中央决定恢复苏区时期的"马克思共产主义学校"，并与"中共陕北特委党校"合并，定名为"中共中央党校"，中央党校正式成立。1937年1月，中共中央进驻延安，中共中央党校也随之迁往延安东郊桥儿沟的天主教堂。此时的中共中央党校学员班设置7个，分别安排红四方面军的干部、外地知识分子、陕北根据地的地、县级干部、老干部以及少数民族干部等。开设的课程有：政治经济学、中国问题、党的建设、军事与群众工作等。除校内教员外，还请校外的杨松、艾思奇、张琴秋、李培之、张国焘等人主讲相关课程。

1941年12月，《中共中央关于延安干部学校的决定》规定，中央党校是"培养地委以上和团级以上具有相当独立工作能力的党的实际工作干部及军队政治工作干部"的高级与中级学校。邓发接任中央党校校长，同时成立由邓发、彭真、陆定一、王鹤寿、胡耀邦五人组成的党校管理委员会。

1942年2月1日，中央党校举行开学典礼，毛泽东作了《整顿党的作风》的讲话，揭开了全党整顿三风，确立实事求是思想的序幕。中央党校礼堂落成时，毛泽东题写了"实事求是，不尚空谈"的校训。1942年2月28日，中央政治局发出《关于党校组织及教育方针的新决定》，决定中央党校直属中央书记处，政治指导由毛泽东负责，组织指导由任弼时负责，日常工作由邓发、彭真、林彪组织管理委员会管理。

1943年3月20日，为了让高级干部总结历史经验，中央政治局决定在中央政治局及书记处之下，设立中央宣传委员会与组织委员会，中央党校归中央宣传委员会管理。毛泽东兼任中央党校校长，彭真任副校长。之后的三年，毛泽东先后在中共中央党校作了《学习和时局》《抗日战争胜利后的时局和我们的方针》《关于重庆谈判》《时局问题及其他》等报告。

1947年3月，中共中央撤离延安，中共中央党校停止办学，随之转移。从1935年到1947年，中央党校始终坚持以马列主义基本原理同中国革命实际相结合的教育方针，坚持理论联系实际的教学方法，坚持理论学习与革命工作结合的教学模式，为党培养了成千上万的领导干部，创造了不可磨灭的伟大功绩。

中共中央党校大礼堂

三 创办各类学校 培养优秀人才

（一）创办各类干部学校

延安时期，中共中央在重视干部教育的同时，也非常重视群众教育。延安的清明政治和全新的社会风气吸引了大量进步青年。全国各地奔赴延安的进步青年需要接受教育。中共中央站在历史和战略的高度，克服经济困难，抽出大量人力、物力、财力，在延安创办各级各类干部学校、大量地培养和造就革命事业所急需的优秀人才，使延安真正成为"革命熔炉"和"革命人才的摇篮"。

1935 年 11 月以中共中央党校恢复办学为开端，中国共产党掀起了大规模创办学校的高潮。据统计，中国共产党在延安创办的学校有二十几所，主要有：中国人民抗日红军大学（1936 年 6 月，后改为中国人民抗日军事政治大学）、陕北公学（1937 年 8 月）、鲁迅艺术学院（1938 年 4 月）、马列学院（1938 年 5 月，1941 年改组为"中央研究院"）、自然科学院（1939 年 5 月）、中国女子大学（1939 年 7 月）、中国医科大学（1940 年 9 月）、泽东青年干部学校（1941 年 1 月）、八路军军政学院（1941 年 1 月）、民族学院（1941 年 4 月）、延安大学（1941 年 8 月）、军事学院（1941 年 10 月）等。这些学校里，既有比较正规的高等学府，也有专门主题的短期培训班；既有培养党政军高级领导干部的学校，也有培养工青妇等群众工作干部的学校；既有培养统一战线干部的学校，也有培养少数民族干部的学校；既有培养文学艺术骨干的学校，也有培养医学、农学等专业科学家的学校。在艰苦的岁月里，这些学校为革命培养了几十万优秀人才，保证了革命的成功。

（二）"抗大精神"的形成

在众多的学校里，抗大是一颗璀璨的明珠。抗大不但培养了大批理想坚定、有知识有能力的干部，还形成了"抗大精神"，影响深远。

抗日军政大学校门

抗大是中国人民抗日军政大学的简称，是党在延安时期创办的培养高级军政干部的最高军事学府。1936年5月8日，毛泽东在中央政治局扩大会议上指出：我们党要打开全国革命的大局面，"则要办个高些的大的红军学校"。没有红军学校培养干部，那么将来就会出现"干部荒"。不解决干部问题，将来的工作就做不好，就是对未来的犯罪。为了形势发展的需要，中共中央决定办一所高规格的红军大学。1936 年 6 月，中国人民抗日红军大学在延安成立，毛泽东兼任政治委员。1937 年 1 月，改名为中国人民抗日军事政治大学，简称抗大，毛泽东兼任教育委员会主任。

1937 年 4 月，毛泽东为抗大题写了"团结、紧张、严肃、活泼"的八字校训。1938 年 3 月，毛泽东又为中国人民抗日军事政治大学同学会题词："坚定正确的政治方向，艰苦朴素的工作作风，灵活机动的战略战术。"概括了抗大的教育方针。1939 年 6 月，在纪念抗大成立 3 周年大会上，毛泽东进一步强调："抗大的教育方针是：坚定正确的政治方向，艰苦奋斗的工作作风，灵活机动的战略战术。这三者，是造成一个抗日的革命的军人所不可缺一的。"①

抗大的办学条件极其艰苦。在瓦窑堡的旧庙堂里开学一个多月后，因为国民党军队的偷袭，抗大搬迁到刘志丹的家乡保安县（今志丹县）。抗大在城外山坡石壁上的几十眼古老的砂石窑洞里安营扎寨。这些窑洞据说是供奉"元始天尊"的黑黝黝的石洞，是什么人所凿、凿于什么时候，根本无人知晓。这些石洞经过千百年的风吹雨淋，早已坍塌得破烂不堪，有的做了羊圈，有的成了狼窝兔窟。抗大的师生们经过艰苦的劳动，依靠自己的双手和聪明才智，把这里收拾成了山洞大学：选用最大的石洞作教室；在石壁上凿出一块平整的大石板作黑板；石板、石条垒成的讲台、凳子，每人的膝盖就是可活动的课桌；用木块、木条做成门窗；较平的石板垫成床铺……就是在这样难以想象的恶劣环境中，师生们以高昂的斗志、饱满的热情如饥似渴地学习。毛泽东高度赞扬他们："你们是过着旧石器时代的生活，学习着当代最先进的科学——马克思主

---

① 《毛泽东文集》第 2 卷，人民出版社 1993 年版，第 188 页。

义。马克思是'洋元始天尊',而你们就是'洋元始天尊'的弟子。"① 由于教员缺乏,许多中央领导人与各部门负责人都是学校的兼职教员,毛泽东多次为抗大学员讲课。斯诺在参观抗大后敬佩地说,"以窑洞为教室,石头砖块为桌椅,石灰土糊的墙为黑板,校舍完全不怕轰炸的这种'高等院校',全世界恐怕就只有这么一家"。②

在抗战八年中,抗大培养了 20 余万革命干部,为我党我军的建设和民族解放事业做出了伟大的贡献。特别是在极端艰苦的条件下,抗大继承和发扬党的革命优良传统,造就了大批坚强的革命干部,创造了教育史上的奇迹,形成了影响深远的"抗大精神"。

---

① 莫文骅:《莫文骅回忆录》,解放军出版社 1996 年版,第 319—320 页。
② [美]埃德加·斯诺:《西行漫记》,董乐山译,生活·读书·新知三联书店1979 年版,第 88—89 页。

第五章　开展"实事求是"的
实践活动

　　"实事求是"是马克思主义理论和毛泽东思想的精髓，是中国共产党的思想路线。延安时期，中国共产党人不断与错误思想做斗争，坚持理论联系实际，注重调查研究，确立了实事求是的思想路线。

一　两种思想认识的交锋

　　1937年，七七事变之后，国共两党开始了第二次合作——联合抗日。在如何抗日的问题上，国共两党的路线截然不同。国民党从大地主、大资产阶级的利益出发，坚持一党专政，实行片面抗战路线；共产党则主张废除一党专政，给人民以充分的抗日民主权力，充分组织和武装民众抗战，实行全面抗战的路线。所以，国共两党的合作必然伴随着斗争。共产党只有保持思想上、政治上、组织上的独立性，才能推动抗日民族统一战线的发展。但是，在谁领导谁的问题上，党内出现了右倾投降主义倾向。毛泽东强调必须始终警惕右倾投降主义的危险。

（一）王明的错误思想与毛泽东的正确主张

1937 年 11 月 29 日，王明从莫斯科回到延安。王明主张国共合作、建立抗日民族统一战线，也明确提出坚持中国共产党的旗帜，不能把共产党融化在国民党中。但是，在怎样抗日、怎样坚持党的独立地位等问题上，王明同中共中央有着原则性的分歧。1937 年 12 月 9 日至 14 日，中共中央政治局召开会议，王明在会上作了《如何继续全国抗战和争取抗战胜利呢?》的报告。王明不顾中国革命的实际和国共两党的具体情况，凭借共产国际"钦差大臣"的身份，挥舞着他的"尚方宝剑"兜售右倾投降主义的主张。他要求"一切经过统一战线"、"一切服从统一战线"。要遵守蒋介石、阎锡山提出的"七个统一"，即统一指挥、统一编制、统一武装、统一纪律、统一待遇、统一作战计划、统一作战行动，批评毛泽东提出的统一抗战大局下的独立自主原则。由于王明强调自己是在传达共产国际的指示，这次会议上，他的意见得到了许多与会领导人的赞同，"一切经过统一战线"被写进了会议提纲中。毛泽东坚持持久战、游击战和独立自主原则的主张没有受到重视。这次会议还决定成立党的七大筹备委员会，王明为书记，毛泽东为主席。后来的很长一段时间，王明的错误主张影响着党的工作，为党的抗战工作埋下了严重的隐患。

王明宣扬的脱离中国实际的错误主张，教条地执行共产国际的命令，在实践中渐渐被人们所认识。毛泽东的正确主张也逐渐深入人心。在这种情况下，任弼时、王稼祥在苏联向季米特洛夫汇报了毛泽东把马列主义同中国革命的实际相结合的正确主张，赢得了共产国际的支持。

（二）六届六中全会确立毛泽东的领袖地位

1938 年 9 月 29 日，中共六届六中全会召开。毛泽东作了《论新阶段》的政治报告，博古阐述了坚持统一战线和坚持党的独立性的问题。会议分析了中国抗日战争形势和民族抗日统一战线的特点，批评了王明的"一切经过统一战线"的错误主张，正确解决了统一战线的问题、武装斗争的问题以及加强党的建设问题。

部分参加六届六中全会的代表

毛泽东在会上强调了党的思想理论建设的重要性。毛泽东从理论层面批驳了王明的错误，提出中国共产党学习马克思主义必须"按照中国的特点去应用它"，因此，必须进行"中国化"。毛泽东说："洋八股必须废止，空洞抽象的调头必须少唱，教条主义必须休息，而代之以新鲜活泼的、为中国老百姓所喜闻乐见的中国作风和中国气派。"① 使马克思主义在中国具体化、把马克思主义的理论和中国的具体的革命实践相结合是"全党亟待了解并亟须解决的问题"。

六届六中全会，结束了王明错误思想对党的指导，但是教条主义的错误在党内的影响依然较大。王明本人并没有彻底放弃他的主张，1940 年 3 月他重印了他的《为中共更加布尔什维克化而斗争》的小册子，在党内散发，严重阻碍了党的正确路线的贯彻。1941 年 5 月 19 日，毛泽东在延安高级干部会议上作了《改造我们的学习》的报告，不点名地批评了王明：华而不实、脆而不坚、自以为是。王明进行了反击，他从中国革命的特点、新民主主义政权和统一战线三个方面批评了毛泽东的主张，认为自己是正确的。毛泽东意识到问题的严重性，认为这是事关政治路线的大问题，要求在政治局会议上讨论王明的政治问题，并希望王明对武汉时期的错误以及对目前政治问题的意见在政治局会议上说明。王明则称病拒不参加政治局会议。1943 年 9 月，周恩来写了《关于新立三路线的研究》笔记，深刻地批判了王明路线，沉重地打击了教条主义。1945 年 4 月 20 日，中共六届七中全会通过《关于若干历史问题的决议》，对王明的错误路线做出定论。

毛泽东与王明的交锋、斗争，打破了党内对苏联经验和共产国际的迷信，打破了党内存在的"唯书"、"唯上"的思想方法，把全党从教条主义的禁锢中解放出来。中国共产党人逐渐意识到实事求是、理论联系实际地把马克思主义在中国具体化的重大意义，毛泽东思想走向成熟，党的思想路线酝酿成熟。

---

① 中央档案馆:《中共中央文件选集》(11)，中共中央党校出版社 1991 年版，第 659 页。

二　毛泽东注重调查研究

毛泽东一直非常重视调查研究，早在第一师范读书期间，他就去农村游行修学。革命早期，他所做的《中国社会各阶级的分析》《湖南农民运动考察报告》都是调查研究的力作。之后，毛泽东还做了《宁冈调查》《永新调查》《寻乌调查》《兴国调查》《长岗乡调查》和《才溪乡调查》等调查报告。正是在深入细致调查的基础上，毛泽东确立了正确的革命战略，领导革命取得一个又一个胜利。初到延安，中国共产党受教条主义的影响，存在脱离实际、脱离群众的危险。毛泽东再次强调调查研究的重要性，大兴调查研究之风。

（一）调查研究之风的兴起

毛泽东曾在《反对本本主义》一文指出了脱离中国实际的本本主义在某些党员中存在，这对中国革命的胜利是极为不利的。毛泽东进一步提出调查研究是克服本本主义的根本方法，是"思想路线"。1941 年 3 月，毛泽东决定重新出版《农村调查》文集，亲自写了"序"和"跋"。他在所写的"序"中阐明了再版文集的目的："帮助同志们找一个研究问题的方法。现在我们很多同志，还保存着一种粗枝大叶、不求甚解的作风，甚至全然不了解下情，却在那里担负指导工作，这是异常危险的现象。对于中国各个社会阶级的实际情况，没有真正具体的了解，真正好的领导是不会有的。"① 毛泽东所说的"研究问题的方法"就是调查研究。中国的实际情况只能靠中国的工作者去调查了解，靠不得任何人。所以，一切实际工作者都必须进行社会调查，只有这样才能解决中国的问题。要了解中国革命的实际不能总是仰着头看天，要习惯眼睛往下看。毛泽东重申："没有调查就没有发言权"。如何进行调查研究呢？毛泽东在《改造我们的学习》中深入论述了调查研究的方法："应用马克思列宁主义的理论和方法，对周围环境作系统的周密的调查和研究。不是单凭热情去工作，而是如同斯大林所说的那样：把革命气概和实际精神结合起来。在这种态度下，就是不要割断历史。不单是懂得希腊就行了，还要懂得中国；不但要懂得外国革命史，还要懂得中国革命史；不但要懂得中国的今天，还要懂得中国的昨天和前天。"② 调查研究必须全面、深入、系统地对中国的古往今来、各个阶层和各个地区的实际情况进行调查和分析。

1941 年 8 月 1 日，中共中央发出由毛泽东起草的《关于调查研究的决定》和《关于实施调查研究的决定》两个党内文件，对我党建党以来在调查研究方面所取得的成就和存在的不足进行了分析和评价，指出党内许多同志对调查研究的重要性认识不足，还存在自以为是的主观主义作风。调查研究是克服主观主义的根本办法，全党必须大兴调查研究之风。中央和各个解放区乃至国统区、敌占区的党组织应当设置调查研究机构。为了加强党对调查研究工作的宏观领导，1941 年 8 月 27 日，中共中央决定成立中央调查研究局，由毛泽东担任主任，任弼时任副主任。中央调查研究局下设

---

① 《毛泽东选集》第 3 卷，人民出版社 1991 年版，第 789 页。
② 同上书，第 800—801 页。

两室：党务研究室和政治研究室。北方局、华中局、晋察冀分局、山东分局、上海省委、南方工委以及各独立区域的党委或省委，都设立调查研究室，专门收集该区域内外敌、友、我的政治、经济、文化、军事及社会各阶层关系的详细资料加以研究。之后，其他地方党组织也相继成立研究室。一大批调查团也相继成立，对重点地区进行深入调查。组织机构的建立和完善，推动了调查研究之风的迅速形成。

（二）毛泽东对妇女调查团的支持

为进一步推动调查研究，1941 年 9 月 13 日，毛泽东向中央妇委和西北局联合组成的妇女生活调查团（主要成员是延安中国女子大学的毕业生）作了关于农村调查的讲话。毛泽东主要讲到了两个问题。第一，调查研究需要不断地努力。毛泽东说，认识世界是一件不容易的事，马克思、恩格斯做了大量调查研究，才找到社会发展的规律，完成了共产主义学说。列宁、斯大林在领导革命的过程中也作了许多调查研究。中国革命也必须作调查研究，首先要了解中国的实际，包括中国的过去、现在、将来。事物是不断运动、变化的，所以我们的调查也要长期进行，唯有这样，才能不断地认识新的事物，获得新的认识。第二，调查研究的方法。毛泽东着重强调了两种方法。一种是分析与综合，学习马克思研究资本主义社会的方法和苏东坡研究历史的方法，先分析后综合，在分析的过程中也要有阶段性的小综合。另一种是详细地占有资料，抓住重点。只有抓住重点才抓住了事物的根本，才能有发言权。

在毛泽东的鼓励下，妇女生活调查团进行了一系列实地调查，写出了《沙滩坪调查》《沙滩坪第二乡第二行政村调查》等报告。从延安中央到地方党组织都组建了各种类型的调查团，调查研究之风蔓延开来，形成燎原之势。

　　毛泽东在大力倡导广大干部进行调查研究的同时，还亲自投入到实地调查当中。他经常到住地附近的群众中去进行调查，了解当地农民的生活、生产情况。重庆谈判之后，他在柳树店的中央后勤疗养院养病，其间的一个星期，他把前前后后的村庄都跑遍了，与各村的农民都谈过话。

1939 年，毛泽东在延安杨家岭与农民谈话

　　毛泽东不断地强调调查研究的重要性，并不仅仅为了调查与研究具体的情况，更重要的是以调查研究为突破口，整顿党的作风，克服党内长期存在的主观主义，肃清教条主义。毛泽东在《改造我们的学习》中指明：“在全党推行调查研究的计划，是转变党的作风的基础一环。”① 毛泽东号召大兴调查研究之风，使一切从实际出发，理论联系实际的优良作风在全党干部群众中扎下了根，使实事求是的思想方法广泛地深入人心。

---

　　① 《毛泽东选集》第 3 卷，人民出版社 1991 年版，第 802 页。

三 张闻天深入调查研究

响应毛泽东调查研究的号召，张闻天向中共中央提出申请，组织"延安农村调查小组"。之后，他带领调查小组，在陕北、晋西北进行了长达一年零两个月的调查研究，整理出了《贺家川八个自然村的调查》和《兴县十四个村的土地问题研究》等调查报告，为党的农村工作和经济工作做出了卓越的贡献，推动了理论联系实际，实事求是思想路线的形成。

（一）农村调查小组的调查研究活动

1942 年 2 月 18 日到 4 月 12 日，张闻天带领调查小组在神府调查，他们调查了贺家川等 8 个自然村。贺家川是神府县最大的自然村，张闻天亲自调查了这个村，掌握了大量的一手资料，充分了解了当地的生产力发展状况以及土地分配情况等。4 月初，调查组的其他同志把调查资料汇集到张闻天手里。4 月 29 日，张闻天整理材料后写成《贺家川八个自然村的调查》的报告，5 月 18 日送到毛泽东、中央书记处、中央党务研究室等处。这篇报告在 1943 年 10 月公开出版，全文约 5 万字，分 41 节，附录统计表格 38 张。这篇报告用确凿的材料叙述了贺家川等 8 个自然村的基本情况，生产力和生产关系以及上层建筑各个方面的状况，在此基础上进一步对农村经济发展的趋势做出了估计。

1942 年 4 月 22 日到 9 月 10 日，张闻天率领调查团到达兴县，对碧村、任家湾等 14 个自然村进行调查。张闻天亲自设计了调查表格，制订了调查方案，召开了全体调查人员会议，并作了《神府组织经验谈》的讲话。张闻天亲自调查了碧村和任家湾，整理出调查报告《碧村调查》，并指导其他同志整理了各个自然村的调查报告。碧村等调查报告的内容着重于土地占有情况和租佃关系。这期间，张闻天与毛泽东有过多次的联系，并就调查研究的主要问题多次发表重要讲话，写成了《兴县十四个自然村的土地问题研究》。这个研究报告分析了该地区抗日战争期间农村阶级关系的变化、借贷关系的变化以及租佃关系的变化，提出了切实可行的发展农村经济的意见。调查结束之后，1942 年 10 月 7 日，张闻天总结此次调查情况写了《发展新式资本主义》一文，他在文中提出，我们现在应该从中国农村的现实生产力出发，在农村发展新式资本主义，进而实现社会主义。这是符合当时中国农村实际并十分具有前瞻性的论点。

1942 年 9 月 26 日到 11 月 21 日，张闻天率领调查团到米脂县杨家沟调查。在杨家沟，调查团查阅当地最大的地主马维新家的近一百年的账本，写出了《杨家沟地主调查》一书，该书翔实地分析了地主阶级如何以地租形式剥削农民，如何与高利贷勾结以及如何进行弱肉强食的土地兼并等。该报告在经济学、社会学、历史学等方面具有很高的价值，是研究中国问题比较典型的材料。

1942 年 12 月 10 日到 1943 年 2 月 24 日，张闻天离开杨家沟在米脂县城内作了短期调查，后又到绥德西部的川河地区及双湖峪作经济调查，还在绥德进行了商业调查。1943 年 3 月 3 日，他回到延安，结束调研。

（二）张闻天的调查研究总结

1943 年，张闻天总结调查研究的经验和心得，写成的《出发归来记》成为调查研究、理论联系实际的典范。通过深入农村进行调查研究，张闻天系统地了解中国农村的实际情况，对当时农村政策的执行情况及调整办法提出了自己的看法和意见。这些真知灼见，成为改革开放和社会主义现代化建设的先声，至今仍具有重大的历史意义和价值。张闻天的这段调查研究是在整风运动开展的过程中进行的，他把调查研究与整风相结合，以转变作风的高度来分析问题、解决问题，以实际行动参与并推进了整风运动。1942 年 5 月 7 日，张闻天在晋西区党委召开的整顿三风座谈会上，结合实际深刻分析了主观主义、宗派主义和党八股的各种现实形式，剖析了自己在早期革命斗争中所犯的"左"倾错误，强调了调查研究对整风的意义。调查过程中，他经常对调查团的同志们讲，"农村调查就是最具体的整风"，每个人都要在革命斗争的风浪中洗刷自己的思想污浊，在与群众联系的过程中自觉地整顿"三风"。通过实地调查研究，张闻天的思想发生了很大的变化。他归纳自己的调查研究体会时，这样写道："接触实际，联系群众，这是一个共产党员的终身事业，所以决不要梦想，以为一年半载的工作，就可使自己有了实际，联系了群众。任何共产党员，即使他过去既接触实际，又联系群众，只要他一旦脱离实际、脱离群众，他就会硬化起来，走进老布尔什维克的博物馆，做历史的陈列品。那末，象我这一类共产党员，怎么能不更加真心诚意向着接触实际、联系群众的方向长期努力下去呢？显然，这个方向没有什么最后的止境，没有可以停止下来、不需要再行前进的地方。这只是一个方向，而且永远是一个方向。它没有尽头。但虽然如此，只要我们向着这个方向努力做去，就会有好的结果。……从调查研究中得来的一些材料，一些具体知识，当然就是我一年来工作的结果……最重要的，还在于我最后认识到：我以后有向着接触实际、联系群众的方向不断努力的必要，象我在上边所说的。其次，还在于我实际开始使用了马列主义的方法，来研究了一下中国的实际。"[1] 张闻天体会到，调查研究是从实际出发的基础一环，在行动上同实际、群众接触起来才能冲破思想的壁垒、改变行动的作风。

---

[1] 《张闻天选集》，人民出版社 1985 年版，第 340—341 页。

第六章 践行全心全意为人民服务的宗旨

1946 年 11 月 10 日，《解放日报》报道了纽约《先锋论坛报》记者斯蒂尔访问延安后的感想。在文中，斯蒂尔坦言在延安的访问中，他感受到共产党常常说的为人民服务是货真价实的。正如其说，延安时期，中国共产党人密切联系群众，关心党和群众比关心个人更重，关心他人比关心自己更重，培育出一代新风。

一 毛泽东与农民的情谊

（一）毛泽东的博大情怀

1941 年 6 月 3 日，县长联席会议在陕甘宁边区政府的小礼堂举行。会议期间，大雨骤降，电闪雷鸣。忽然，小礼堂的一根木柱子被雷劈断了，在场的人纷纷逃到外面，坐在那根柱子旁边的延川县代县长李彩云不幸被雷电击中身亡。这本是一件偶然的自然灾害。但这件事传开后，却引得谣言四起。有人说，这是老天对人间的惩罚，是大难临头的不祥之兆。甚至有个农民说，老天爷应该雷击毛主席。边区保安处把这件事报告了中央，这话传到了毛泽东那里。毛泽东听了后并没有因为有人咒骂他而感到生气。相反，他对边区保安处的同志说："群众的意见反映了我们工作上的毛病，有些问题需要我们去解决。要允许人家讲话，讲错了不要紧。"① 毛泽东没有叫人去追查是谁那么恶毒地咒骂他，更没有去抓人。他调查了之所以骂人的原因：这一年边区政府下达的征粮任务太重，群众有意见。毛泽东弄清楚事情的原因后，指示有关部门减少公粮征收的任务，并做出了进行生产自救的决定。

1942 年，陕北米脂调查组送来的《情况汇报》中记载了这样一件事：清涧县的一个农妇因为丈夫被雷电击死咒骂毛泽东，社会调查部把这个农妇押到了延安。毛泽东在阅读汇报时知道了此事，他立刻叫来社会调查部的有关干部了解情况，批评他们不做调查就随随便便抓人。随后，他让军委总政治部保卫部长钱益民把那个农妇带来。在会客室，毛泽东请农妇坐下并拿出红枣招待她。毛泽东了解了农妇家里的情况，得知她家里境况不好，又有久病的婆婆，交不起公粮还被村主任责难，丈夫想挖一孔好窑洞赚点钱却被雷劈死了。毛泽东当面表扬农妇敢说真话，并派专人送她回家，向当地政府说明这位农妇不仅没有罪过，而且是一个敢说真话的好人。他还要求边区政府对清涧县的公粮问题做一次认真的调查，该免的要免，该减的要减。

密切联系群众必须关心群众的疾苦，认真听取群众的意见，特别是群众的负面意见。这样我们才能真正了解群众的疾苦，解决他们的实际困难。1945 年，毛泽东在枣园与当地农民座谈时对他们说："批评我们就是帮助革命。只有批评我们，才能纠正错误，把

---

① 李琦：《毛泽东与联系群众》，中央文献出版社 2004 年版，第 71 页。

工作做好，革命才能早日胜利。"① 这是毛泽东的胸怀，也是党的事业取得胜利的重要原因。

（二）毛泽东与他的农民朋友杨步浩

毛泽东与人民之间有着一种亲切的感情，他一生生活在群众中，关心人民群众。毛泽东与群众有着深厚的情谊。在陕北，毛泽东与父老乡亲之间，特别是与农民杨步浩之间的交往就被传为佳话。

延安人民给毛泽东送"人民救星"匾

杨步浩是从陕北横山县逃荒到延安县石家畔，一位出身贫寒的农民，他的父亲和两个女儿都被饿死。1935 年，红军到陕北后，杨步浩在土改中分到了地，分到了窑洞。1943 年，杨步浩从 359 旅的王震旅长那里得知，在大生产中，毛主席也要完成一定的任

---

① 李琦：《毛泽东与联系群众》，中央文献出版社 2004 年版，第 73 页。

务。杨步浩主动提出为毛主席代耕的请求，在他的坚决要求下，县委同意并报告给了毛泽东。第二年，麦子丰收，杨步浩替毛泽东交了公粮。毛泽东会见了杨步浩，亲自端水、敬烟，亲切地交谈。毛泽东问杨步浩为什么要为自己代耕，杨步浩讲了自己的贫寒出身和苦难经历，表达了对共产党和毛主席的感激之情。毛泽东拉着他的手，不住地夸赞他："这才是无产阶级闹革命呀！"从此之后，他们之间的交往频繁起来，就像亲戚一样。1946 年春节，在杨步浩的提议下，川口六乡的乡亲们给毛泽东敬献了一块大红金字匾，上面写着"人民救星"四个大字。杨步浩到军委给毛泽东献匾时，毛泽东亲自走出军委大门迎接，紧紧地握着他的手一同进入院子里。杨步浩给毛主席献上金匾时向毛泽东表达了他和群众的感激之心。毛泽东微笑着接过金字匾后，向杨步浩和在场的群众表达了感谢，并请他们转达对六乡群众的感谢之情，祝福六乡群众获得大丰收。接着，毛泽东与杨步浩等人一起观看了文艺演出，并宴请大家吃饭。

新中国成立后，毛泽东到了北京，与延安隔着千山万水，但是他与杨步浩建立起来的情谊却没有中断。1952 年，杨步浩作为延安老区的代表前往北京参观国营农场。临行前，他写信给中央办公厅，要求见见毛主席。到了北京不久，毛泽东就把他接到家里，热情地招待这位几年不见的老朋友。告别时，还给杨步浩换了身崭新的灰布棉衣，给了充足的路费。三年困难期间，毛泽东挂念杨步浩和老区人民的生活。1961 年，毛泽东托赴京开会的延安同志给杨步浩捎去两斤白糖和两瓶酒。杨步浩见物思人，给毛泽东写了一封信，表达对毛主席的想念，提出去北京看望他。不久，毛泽东回信给杨步浩，让他与地方政府商议此事。杨步浩的愿望得到了延安政府的支持，他高兴得几夜睡不着。杨步浩与老伴儿缝制了几个白布小口袋，精心地挑选了延安最好的小米、红枣、干菜等土特产，于9月底到北京看望毛主席。10月1日，毛泽东邀请杨步浩在天安门城楼上参加国庆观礼，并拉着杨步浩的手向旁边的外宾作了介绍，又同他进行了长时间的亲切交谈。毛泽东询问了延安的许多情况，要杨步浩向延安县委转达自己对老区人民的怀念和感谢。1975年，杨步浩得知毛主席身患重病，心急如焚，匆匆忙忙地赶到北京探望。毛主席得知老朋友前来探视非常高兴。但是，鉴于毛泽东的病情，医生不允许杨步浩探视，毛泽东只好拜托朱德委员长代他接待。朱德在家中热情款待了杨步浩，与其促膝长谈，合影留念，并在杨步浩的笔记本上亲笔题词，勉励他把毛泽东培育的延安精神发扬光大。

1976年，毛泽东逝世的消息传到杨步浩的耳中，他禁不住一次次痛哭。杨步浩受延安老区人民的重托到北京吊唁毛泽东。当他看到日夜思念的毛主席安详地躺在水晶棺里，失声痛哭。毛泽东去世了，但他与一位普通农民之间的情谊却长留人间。

早在湖南第一师范读书时，毛泽东就到农村去读"无字书"。1926年，他在第六届农民运动讲习所结业式上曾勉励学员"拜农民为老师，同农民做朋友，脱掉知识分子的皮肤，放下臭架子；敢于同反动势力作斗争，不怕艰苦、不怕牺牲，为农民求解放，为农民谋利益，这才是我们的好学生。"[①] 在陕北，毛泽东给老人过生日，安排文艺演出给老乡们饱饱眼福，把自己分得的白面送给生病的老乡……毛泽东关怀、爱护广大人民，也赢得了广大人民的爱戴。毛泽东常常说，别看农民的手上有牛屎，他们的心灵是最干净的。毛泽东一生把农民当朋友、当老师，正是在与群众的密切联

第二编 实践篇

---

① 李琦：《毛泽东与联系群众》，中央文献出版社2004年版，第19页。

系中，毛泽东的伟大思想孕育成熟，中国共产党成长壮大。密切联系群众是中国共产党的三大作风之一，是党立于不败之地的根本。

二　人民的骆驼——任弼时

从 16 岁参加革命到 46 岁逝世，任弼时把 30 年的生命和精力全部贡献给了党和人民的革命事业。他信念坚定，理想远大，心怀民众，忠诚爱党，不畏艰险，勇于担当，对我们党的思想政治工作、土地工作、经济工作、青年工作、军队工作等都做出了重大贡献。1950 年 10 月 27 日，任弼时在北京逝世。毛泽东、周恩来、刘少奇、朱德、叶剑英等领导人都深切缅怀这位亲密的战友。叶剑英这样描述他：他一生没有休息、没有享受、没有计较，他是"我们党的骆驼"，"中国人民的骆驼"。为了党和人民的事业，任弼时像"骆驼"一样，默默奉献，踏实工作，鞠躬尽瘁，夙夜在公，一直到他生命的最后一刻。

（一）"能坚持走一百步，就不该走九十九步"

由于遭受敌人严刑拷打的经历和呕心沥血的工作，任弼时体弱多病。日本投降后，他的身体已经相当不好了，他常常感到疲惫、头晕，不能看东西，书记处的会常常参加不了。中央建议他休息，他却靠自己超人的意志力继续工作，领导筹备七大，从代表的选举到文件起草他都认真负责。

恰逢那时，苏联派了一位叫米尔尼科夫的医生来延安，他给党的高级干部作了一次身体普查，并把普查结果汇报给了毛泽东。他说："除了任弼时同志之外，所有的同志身体基本上都是健康的。"他说任弼时同志的病情非常严重，随时都会发生问题，建议马上休息。为此，党中央决定要任弼时停止工作，立即休息。1946年，他到侯家沟休息，期间仍协助毛泽东做了许多工作。1947年，他转到米脂县的杨家沟休息。实际上，他并没有真正休息，他走访了杨家沟等十几个村子，调查研究土地改革情况，及时纠正了土改中混淆敌我、错划成分、扩大打击面、侵犯中农利益及分配中的平均主义等错误，写成了《土地改革中几个问题》的著名报告。

任弼时的身体状况越来越坏，但仍然主动承担着繁重的工作。他参与了指挥辽沈、淮海、平津三大战役这样紧张艰巨的工作，他为建立新中国而废寝忘食。他工作起来根本不像一个病人。经常与他接触的同志都说："他就是这样一个忘我的人，工作起来好像病都被赶走了。"有一次，他工作到深夜三点，警卫员邵长和感到他太辛苦，就找来米尔尼科夫大夫一起劝说，大夫帮他量了血压高达220，脉搏每分钟达110次。大夫和警卫员都说他必须休息。他却说，革命的工作还有很多，作为一名共产党员肩负着重担，能坚持一百步的话，就不应该走九十九步。后来，他去苏联养病，身体稍好就着急回国。他回国前，医生嘱咐不能劳累。但没过多久，他就写信给毛泽东要求每天工作4小时，之后又延长至5小时，甚至每天8小时以上。

（二）一生有"三怕"

任弼时有着高尚的革命情操，他为革命、为人民公而忘私。与他一起工作或共同生活过的人都知道，任弼时一生有"三怕"：一怕工作少，二怕麻烦人，三怕多用钱。虽然身体羸弱，但任弼时最怕工作少，甘当党和人民的"骆驼"；虽然身居高位，但任弼时始终保持着艰苦奋斗的优良作风；虽然日理万机，他仍然时刻都关心着周围农民群众的疾苦和困难。

有一次，任弼时散步来到湖边，远远地看见一个人站在湖岸的庄稼地旁就走了过去。原来是一个驼背的老人。任弼时主动上前打招呼："老人家，身体好啊？"对方"噢"地应了一声。任弼时又问："今年的收成怎么样，够吃不够？"老人简单地说了一句"看样子，还不错。"老人根本无心与他说话，不停地朝湖面上瞧。任弼时觉得奇怪，忙问他湖里有什么。老人用手指着湖上说："那不是，不看紧点，就来吃庄稼。"任弼时顺着那个方向望去，只见水面上浮着几只鸭子。他转身问警卫员："哪里来的鸭子？"警卫员说："前几天有人送来的，我们就先养在这里了。"听了之后任弼时心里一阵难受。为了自己让群众为难，这是他最不能容忍的。他立马对警卫员说："你马上就去把鸭子送给别人。"接着转身对老人说："老人家，这件事对不起你。今后绝不会有这样的事了，你快回去歇着吧。"任弼时闷闷不乐地回了家。晚上，医生来为他检查血压，结果血压值高得惊人。医生问任弼时的夫人陈琮英出了什么事使任弼时的血压升高，陈琮英把白天的事告诉了医生。第二天清晨，任弼时来到湖边，向湖面上望了很久，知道鸭子确实已经送走了，才放下心，脸上露出了笑容。

任弼时时刻把人民群众的利益放在心上，关心群众胜过关心自己，兢兢业业为人民和革命奉献一生。

三 为人民奉献青春的张思德

1915 年 4 月，张思德出生在四川仪陇县一个贫苦的农民家庭。1933 年，张思德参加了中国工农红军。他英勇机智，多次完成侦察敌情和传送重要军事情报的任务。1935 年，张思德随军长征，到达陕北。1937 年，张思德加入中国共产党。1944 年 9 月 5 日，张思德在执行烧木炭任务时，为救战友而牺牲。毛泽东在张思德的追悼会上作了《为人民服务》的著名演讲，他亲切地说："我们的共产党和共产党所领导的八路军、新四军，是革命的队伍。我们这个队伍完全是为着解放人民的，是彻底地为人民的利益工作的。张思德同志就是我们这个队伍中的一个同志。"张思德同志是全心全意为人民服务的典范。他的一生只有短暂而平凡的 29 年，他为人民献出了青春，他的崇高精神永放光芒。

（一）勤恳认真的通信兵

到达陕北以后，张思德因身体虚弱，被安排到关中分区的云阳安吴堡"荣誉军人学校"治疗、休养。在此，张思德实现了自己的入党心愿。1940 年，张思德被分配到中央军委警卫营，任通信班班长。通信班担负着重大、艰巨的通信任务。当时条件非常艰苦，没有送信的交通工具，甚至连基本的防护衣物都没有。张思德带领全班战士凭着对革命的热情、对党和人民的一颗红心克服种种困难，努力完成任务。张思德是关心同志，爱护战友的模范。他心里总是想着同志，时时处处关心战友。他常说，我们都是为打日本、救中国来到部队的。革命队伍里的人，应该互相帮助。每个人都应该多想人民、多想同志、多做工作、少考虑个人。每次有任务，通信班的同志们都争着去。张思德总是把最远、最艰苦的任务留给自己。

一天傍晚，营首长把张思德叫到营部，交给他一封急件，命令他立即派人送到延安王家坪总参谋部作战室。因为全班战友刚刚结束训练，张思德决定让其他战友休息，自己去送。他背上步枪踏上了通往延安的道路。大约走了二十公里，天气突变，狂风呼呼地吹，雷声隆隆地响，乌云汹涌地汇集。张思德看看天，想是要下雨了。他摸了摸衣兜里的信件，想"决不能让雨水打湿了文件"。他放开步子跑了起来。快到延安东关外的机场时，大雨倾盆而下。张思德心想千万不能湿了信件，他用手按住衣兜，弯腰侧身挡住雨水，可是雨水很快就把胸前的衣服湿透了。张思德躲进石崖下，想等到雨小一点儿再继续走。可是，天渐渐黑下来了，雨却越下越大。他记得临行前，营首长再三叮嘱这是跟作战相关的急件，越快送到越好。他越想越着急。但是冒雨跑去肯定会淋湿信件，字迹模糊导致首长看不清，会误了大事。想个什么办法保护信件呢？身上的衣服已经湿漉漉的了，身上也没有其他的防水用具。张思德急中生智地想到了脚上穿的纳底布鞋。这种布鞋的底比较厚、帮比较硬，一时半会湿不透。他赶紧脱下鞋，用手摸了摸，果然鞋里还没湿透。张思德急忙从兜里掏出信件放到鞋子里，把两只鞋子对扣在一起，正好把信件包住。他踏实地吸了一口气，把鞋子夹在腋下，钻出石崖，在瓢泼大雨中深一脚、浅一脚向前跑……来到总参谋部作战室，张思德把完全整洁干净的信件交给首长。首长感动得连连道谢，张思德备受鼓励。回去的当天晚上，张思德就召开了一个班务会，他对全班战友说："这次雨天送信，使我想到我们做通信工作要考虑可能出现的各种特殊情况。我们要保证把每一封信都及时无损地送到，若出一次差错，就会给革命造成损失。我们要开动脑筋想办法，克服一切困难，保证完成任务。"① 在他的带领下，通信班想出了一个又一个切实可行的好办法，保证了通信工作顺利进行。

（二）为了革命去烧炭

1944 年，抗日战争进入第七个年头，为了争取最后的胜利，前方勇士和后方军民又掀起一股奋战高潮。这年春天，中央机关和枣园警卫人员组织了一支小分队到离延安七十多里的安塞县开荒种田。张思德曾在南泥湾开过荒，在土黄沟烧过炭。这次，他第一个报名参加小分队。小分队来到安塞县石峡峪庄上，和社会部的同志联合组成生产农场，开展劳动竞赛。张思德被选为农场副队长，负责生产。生产中，他总是选最苦最累的工作，每天早出晚归。农历七月，天气渐渐转凉了，生产农场决定组织人员轮流进山烧木炭。因为张思德曾有过几次烧木炭的经验，所以由他负责。张思德在离石峡峪不远的庙河沟开始了一场新的烧炭战斗。烧炭是个技术活，火候很重要。张思德为了掌握火候，吃住在炭窑旁。白天，他不停地巡视各个炭窑，观察火候；晚上，他要起来好几回，爬上各个窑顶观察烟色。窑里温度很高，有的木炭出窑还有火星，一不小心就被烫伤。每次出炭，张思德总是抢先钻到窑的最里边捡木炭。同志们要跟他换位置，他总是不肯。

---

① 《张思德》编写组：《张思德》，人民出版社 1976 年版，第 73 页。

张思德（左）在炭窑里出炭劳动

　　1944 年 9 月 5 日，他们决定临时组织个突击队，进山赶挖几个新的炭窑。张思德带领 8 个战士进入庙河沟的山林，他们分成三组分散挖窑。张思德和战士小白一组，两个人干劲十足地挖窑。窑越挖越深，里面无法直起腰。张思德一个人弯着腰继续挖，让小白在窑口休息。天下起了雨，张思德从窑洞出来把一条背炭用的麻袋披在小白身上，回身继续挖。到窑内可以容纳两个人了，张思德才同意小白一起挖。小白想让他休息一下，他却说不累，撸一把头上的汗水，操起小镢头继续刨窑壁和窑顶。两个人紧张有序地挖窑，不时地交谈着。眼看一口炭窑就要完工了，只剩最后的找平、修光。张思德拿着小镢头一丝不苟地修整窑面。突然，窑洞顶部"啪啪啪"掉下来几片碎土。张思德发现情况不对，赶忙大喊"快出去，有危险！"小白还没有反应过来，张思德一把将他推出窑口。就在这时，伴随着一声"轰隆"声，两米多厚的窑顶坍塌下来。小白的生命得救了，张思德被埋在了坍塌的窑洞内。为了革命的胜利，为了人民的利益，为了战友的安全，张思德献出了自己年轻的生命。张思德用自己的实际行动践行了自己光辉的誓言："我跟定党，跟定毛主席，革命到底，永不回头！不怕吃苦，不怕牺牲，保守机密，遵守纪律，带领群众，坚决完成党交给的任务。"①

1944 年 9 月 8 日下午，在枣园后沟的西山脚下，中共中央直属机关举行了"追悼张思德同志大会"。会场前面的土台上摆满了花圈。毛主席亲自参加了张思德同志的追悼大会并献上花圈，挽联上是他亲笔写的："向为人民利益而牺牲的张思德同志致敬！"在追悼会上，毛主席发表演讲，指出："人总是要死的，但死的意义有不同。中国古时候有个文学家叫做司马迁的说过：'人固有一死，或重于泰山，或轻于鸿毛。'为人民利益而死，就比泰山还重；替法西斯卖力，替剥削人民和压迫人民的人去死，就比鸿毛还轻。张思德同志是为人民利益而死的，他的死是比泰山还要重的。"②

作为一名革命战士，张思德确实做到了一切行动听指挥，一切从中国人民和世界人民的解放事业出发。革命需要他送信，他兢兢业业；革命需要他开荒，他艰苦奋战；革命需要他烧炭，他勤勤恳恳；革命需要他当班长；他认真负责；革命需要他当战士，他任劳任怨，踏实肯干。党指向哪里，他就奔向哪里；哪儿最艰苦、最危险，他就在哪儿战斗。为了党和人民的利益，他舍得牺牲一切，就是献出生命，他也在所不辞。正是这种彻底的革命精神，使张思德登攀上共产主义世界观的高峰；正是这种彻底的革命精神，使张思德具备了无产阶级革命战士最崇高的精神境界。

第
二
编
实
践
篇

① 《张思德》编写组：《张思德》，人民出版社 1976 年版，第 58 页。
② 同上书，第 192 页。

第七章 中央领导及广大军民
艰苦奋斗的实践活动

抗日战争进入相持阶段后，日、伪军集中了主要军事力量攻击中国共产党领导的人民抗日力量，国民党也加紧了对革命根据地的经济封锁。加上连年的灾荒，各抗日根据地的物资极其缺乏，经济生活越来越困难。陕甘宁边区的情况更加严重，这里是中共中央所在地和敌后抗日根据地的总后方，有几万名干部战士驻扎于此，还有几千名进步的青年学生。陕甘宁边区地带土地贫瘠、经济落后，人口也只有两百四五十万，担负这么多干部战士及学生的生活必需品供给非常困难。毛泽东曾回忆说那段时间几乎没有衣服穿，没有鞋袜穿，没有被子盖，没有油吃，没有菜吃，没有纸用，甚至连粮食也不能保证，有的单位几近断炊。面对严重的困难局面，毛泽东指出："我们是确信我们能够解决经济困难的，我们对于在这方面的一切问题的回答就是'自己动手'四个字。"[①] 毛泽东和中共中央决定开展以发展生产为目的的大生产运动。

---

① 《毛泽东文集》第2卷，人民出版社1993年版，第461页。

一 朱德与边区大生产运动

1940年5月26日，朱德从抗日前线回到延安。他看到边区物资紧缺情况严重，忧心忡忡。虽然，早在1939年党中央和毛泽东就号召大家开展大生产运动，很多人响应号召在住地周围开荒种田、种菜，也有的养鸡、养鸭等。但这些规模很小，没有从根本上解决问题。朱德时时忧心边区的物资问题，想办法解决困难的局面。他顺着毛泽东提出的"自己动手，丰衣足食"的路子，想到了军垦屯田，军队自己动手解决生活物资。

（一）南泥湾的第一堆篝火

为了寻找军垦屯田所需的土地，朱德开始在边区附近调研，他发现在延安东南约90里处有一大片荒地，方圆百里，那就是南泥湾。那里杳无人烟，漫山遍野的树木和杂草。相传在清朝同治年间，这里人口稠密，经济富庶，后来，因为战争、疾病、土匪等灾难，老百姓不是死亡就是外逃，变成了一片荒芜之地。朱德认为这里正好适合垦荒种植。但是，当他向延安的一些老百姓询问南泥湾是否可以开发时，有人告诉他：那里的水有毒，不能饮用，人到了那里无法生存。朱德对此有些怀疑：如果水有毒，早年的人怎么能在此繁衍生息呢？既然过去可以生存，现在人也一定能够生存。

一天，朱德凝视着地图想了大半夜，决定亲自去南泥湾看看。第二天一大早，他带着警卫员和相关人员骑马奔向南泥湾。临近中午，他们来到了南泥湾的西北角。这里已是草木丛生、沼泽横流、丘陵起伏，无法继续骑马。朱德一行人下马步行，他看到四周树木种类繁多，有高高的乔木，也有低矮的灌木，树木之中夹杂着很多的杂草，有的野草长到一人多高。朱德弯腰拔起一棵野蒿，看了看野蒿根部带起的泥土，又用鼻子闻了闻，用手捏了捏那些黑油油的泥土，发现泥土异常的肥沃，他立刻兴奋地说："好土，好土，开荒种粮完全可以！"一行人继续往里走，看着一片一片的灌木长势旺盛，朱德更加肯定这里非常适合开荒种田。来到一片沼泽地带，朱德用手里的木棍试了试污泥的深浅，肯定地对大家说，这里可以改造成水田，一定能种出陕北的大米。大家都在为这次勘察的重大收获激动和兴奋，不知不觉走出了很远。

傍晚时分，朱德他们依然在南泥湾勘察。夕阳下成片的树木和野草，使南泥湾显得生机勃勃，朱德感慨地说："南泥湾真是个好地方呀！"天色渐渐暗下来，料峭的春风裹挟着浓浓的湿气，大家又累又饿又冷。朱德带领大家找到一个破旧的窑洞，住了下来。警卫员捡来一些干柴，点起篝火，把干粮和水壶架起来加热。这时，窑洞外传来狼群的叫声和豹子的吼声，警卫员立即端起枪，其他人员也呼地站起来，朱德招呼大家坐下，说："不要紧张，野兽怕火，只要把火烧旺点，野兽就不敢来。"说着，他向火堆里填了两把柴，篝火烧得越发旺了，照得四周红通通的。这是南泥湾的第一把篝火，它不仅照亮了这片沼泽，也照亮了南泥湾的未来。

第二天，朱德一行继续勘察地形，他们蹚过泥泞的沼泽，劈开刺人的沙棘，走遍了方圆百里。他们访问了附近几个村镇仅有的几户农家，他们说水是有毒的，所以他们大多数患有大骨节病。考察进行了5天，临行前，朱德他们采集了水样，包括地下水和地表水，带回延安进行化验。回到延安，朱德得到的化验结果是：南泥湾的地下水没有问题；地表水中的毒素是枯叶败草长期腐烂所致，只要用挖池渗漏的办法把毒物滤掉，再投以适量化学药品消毒，就可以饮用。

朱德迫不及待地来到毛泽东的窑洞，向他汇报。他详细地汇报了南泥湾考察的情况和准备调部队进行屯田的打算。毛泽东非常赞同，两个人当即开始商议屯田如何开展，调派哪支部队等问题。朱德提议调第 120 师第 359 旅，毛泽东对 359 旅是熟悉的，也觉得这支部队能够较好地完成屯田任务，他还补充说，除了 359 旅之外，延安的中央机关、军委机关、学校和留守部队，都要抽人去南泥湾开荒，还有从外地逃难来此的农民可以到那里开荒种地、安家落户。就这样，一个党、政、军、民、学共同开发南泥湾的计划定下来了，一场战天斗地的奋战即将拉开帷幕。

南泥湾大生产运动中，朱德先后七次奔赴南泥湾亲临指导，为南泥湾大生产运动的发展做出了重大贡献。1942 年 12 月 12 日，《解放日报》发表题为《积极推行南泥湾政策》的社论，高度评价了朱德在南泥湾大生产中的作用：朱德首倡"军事屯田"，在南泥湾取得成功，是屯田的成功典范，朱德的名字也与军事屯田连在了一起。

（二）朱德亲自参加大生产运动

朱德对大生产运动的推动还体现在他的身体力行上，他亲自挖地、种菜、浇水、施肥、收割，纺线，俨然是一个生产能手。

响应大生产的号召，每位党员都要加入生产小组，承担一定的生产任务。毛泽东、朱德等中央领导人也不例外。朱德所在生产小组的同志们看他平日事务繁忙，就没有分配任务给他。朱德得知后，要求重新分配，他说，自己不能落后，要跟大家一起积极响应中央的号召，"自己动手，丰衣足食"。大家看无法阻止朱德参与生产，于是分配他和生产小组的同志在自己窑洞外开垦了大约 3 亩地，种植了白菜、菠菜、冬瓜、土豆等十几种蔬菜。朱德拥有丰富的农业生产知识，他的蔬菜地是边区的样板式菜地。为了给菜地施肥，朱德还经常早起去捡牛粪。他手拿着铁锹，肩挎着粪筐，走走停停，弯腰拾粪，浑然是一位地地道道的农民。朱德不愧是有名的种田能手，在他的精心照料下，他种的菜长得又快又好。除了满足自己的需要外，他时常把自己种的菜送人。1943 年，边区举办生产品展览会，朱德展出了亲手种的一个大冬瓜，得到了大家的赞赏。有一个干部当场写了一首诗："工余种菜又栽花，统帅勤劳天下夸；愿把此风扬四海，逢人先说大冬瓜。"

毛泽东、周恩来、任弼时等中央领导人也同朱德一样承担着生产任务，亲自垦荒种田种菜。他们的垂范作用，激励了广大干部群众的生产热情，推动了大生产运动的火热开展。

二　359 旅开发南泥湾

……

往年的南泥湾

处处是荒山没呀人烟

如今的南泥湾

与往年不一般不一呀般

如呀今的南泥湾

与呀往年不一般

再不是旧模样

是陕北的好江南

……

一首《南泥湾》唱遍大江南北，随着歌声，南泥湾精神也传遍祖国各地。伴着歌声，人们都会回想起当年359旅在南泥湾战天斗地的火热劳动场面。

（一）初到南泥湾

359旅的旅长王震是个爽快的人，当他接到朱德屯田南泥湾的命令时，当即表示坚决服从党中央、毛主席的指示。但是，他也表达了自己的为难之处。因为从十几岁就在长沙当铁路工人，没有种地的经验，他担心自己干不好这项工作。朱德则鼓励他向部队中会种地的干部战士学习，更重要的是把大家动员起来，团结起来，发挥359旅的作战精神，就一定会干出名堂来。最终，王震接受了朱德总司令交给他的重任，义无反顾地奔赴南泥湾。

1941年3月，王震率领359旅717团官兵首先进入南泥湾，接着，718团、719团也相继开进。旅部就设在金盆湾。部队初到南泥湾，面临的是超乎想象的困难，没有房子住、没有粮食吃、没有菜吃、没有生产工具，正如歌里唱的："南泥湾呀烂泥湾，荒山臭水黑泥潭，方圆百里山连山，只见梢林不见山，狼豹黄羊满山窜，一片荒凉少人烟。"战士们没有被困难吓跑，而是同困难展开了顽强的战斗。战士们用杂草和树枝搭起棚子住，到百里之外的延安等地背粮食，到山里挖野菜，到河里摸鱼，搜集废旧铁器打制生产工具，他们高喊着"一把镢头一支枪，生产自给保卫党中央"的口号，齐心协力，克服重重困难，发展生产。

359 旅在延安南泥湾开荒

359 旅提出"上至旅首长，下至马夫，一律参加生产，不使一个人站在生产战线之外"。生产中，人人齐上阵，个个抢争先。旅长、团长以身作则，冲锋在前。从旅部到连队，都成立了生产委员会，干部战士都编入农业生产小组。王震身体瘦弱，但干活不甘落后，双手打出血泡，缠上绷带继续干。718 团团长陈宗尧把团部搬到山上，白天干活，晚上办公。718 团政委左齐在战争中失去了左臂，他用右臂为战士烧水做饭，送到山上……359 旅开展全面的劳动竞赛，连与连之间、班与班之间、人与人之间，相互竞赛，涌现出许多劳动模范。718 团的模范班长李位被誉为"气死牛"式的开荒英雄。在一次全团组织的 175 名突击手的开荒竞赛中，他挥舞着一把 4 斤半重的大板镢，经过 11 个小时的奋战，创造了一天开荒 3.67 亩的最高纪录。人们都感叹他的能干，比两头牛一天耕的还多，"真要气死牛了"。没几天，719 团的刘顺清就以一天开荒 4.11 亩的纪录超过了李位。旧的纪录不断被打破，新的纪录不断出现，劳动热情越来越高，开荒的速度越来越快。到南泥湾的第一年，经过全体官兵的奋战，他们开垦荒地一万多亩，种植了粮食、蔬菜，做到了蔬菜大部分自给和粮食部分自给。

（二）陕北好江南

1942 年，359 旅战士们的生产热情空前高涨，上至旅首长，下至勤务员都编入生产小组，积极参加劳动。他们开荒 25000 多亩，种植了粮食、蔬菜、棉麻等作物，养起了鸡、鸭、猪等家畜。除了农业生产外，359 旅还创办了纺织厂、肥皂厂、榨油厂、面粉厂、造纸厂、熬盐厂、木工厂、挖煤厂等十几个工厂，还建立了一支骡马运输队和 47 个骡马店。运输队和骡马店的工作人员，很多是原来优秀的干部、老红军，因为身体致残或身体病弱被分配到其中工作的。他们毫不计较这种反差，衷心、勤恳地为人民、为革命做着平凡而艰苦的工作。经过 359 旅的艰苦奋斗，南泥湾的面貌焕然一新，再不见两年前的荒凉，到处都是生机勃勃。一排排宽敞的窑洞和平房，一座座人丁兴旺的村落，一片片阡陌交通的农田，一群群鸡鸭猪羊，一家家井然的工厂，一个个兴隆的集镇，一派繁荣景象。这年 7 月，朱德邀请徐特立、谢觉哉、吴玉章、续范亭四位老人同去南泥湾视察，并作《游南泥湾》诗一首："去年初到此，遍地皆荒草。夜无宿营地，破窑亦难找。今辟新市场，洞房满山腰。平川种嘉禾，水田栽新稻。屯田方告成，战士粗温饱。农场牛羊肥，马兰造纸俏。熏风拂面来，有似江南好。"① 从此，人们把南泥湾称为"陕北江南"。到 1942 年年底，359 旅种植作物的面积达两万多亩，粮食几近自给，蔬菜、肉、油及鞋袜全部自给。

---

① 王德蓉：《朱德：开垦南泥湾"建立起永久的基础"》，《光明日报》2015 年 9 月 19 日。

1942 年 4 月，朱德视察南泥湾

1943 年，359 旅的粮食基本上自给，蔬菜全部自给，穿戴方面尚有盈余，实现了生产全部自给自足的目标。实践证明，军队不但可以对敌战争，更可以参加生产。正如毛泽东所言："我们有打仗的军队，又有劳动的军队。打仗的军队，我们有八路军新四军；这支军队也要当两支用，一方面打仗，一方面生产。我们有了这两支军队，我们的军队有了这两套本领，再加上做群众工作一项本领，那末，我们就可以克服困难，把日本帝国主义打垮。"[①] 1944 年，359 旅响应边区大生产的发展，提出了"耕一余一"的宏伟目标。为了完成这一目标，早在春节，各部团营首长就率领干部上山勘察荒地、披荆斩棘，划分任务区。开荒伊始，各单位都"全体搬上了山头，在荒山扎营"。有些团首长干脆把团部搬到山上，白天开荒，晚上办公。这年开垦的荒地大都长满了有毒的狼牙刺，战士们在拼命挖地时，脸被划破了，手被戳伤了，仍然拼命开荒，以致当时全旅有 25 人被刺伤中毒，送往医院施行开刀手术。这充分体现

---

① 《毛泽东选集》第 3 卷，人民出版社 1991 年版，第 928 页。

了革命军人不怕牺牲、忘我的崇高精神。经过一年的艰苦斗争，这年底，除吃用全部自给外，359 旅还有一年的物资、经费储备，并且向边区政府交纳一些公粮，达到了"耕一余一"的目标。

359 旅开发南泥湾树立了积极的生产劳动榜样，推动了当时边区及敌后各根据地的大生产运动；359 旅开发南泥湾所散发出来的自力更生、艰苦奋斗的革命精神，激励了当时官、兵、学、民等发展生产的积极性。

三 党的领袖身先士卒，发扬艰苦朴素作风

延安时期，中共中央的重要领导人毛泽东、周恩来、朱德、任弼时等都率先垂范，与广大干部群众一起践行艰苦奋斗的精神，发扬艰苦朴素的优良作风。

（一）艰苦朴素的毛泽东

毛泽东不仅在理论上提倡艰苦朴素，而且率先垂范。他时常说："惟安贫者能成事，故曰：咬得菜根，百事可做。"

延安时期，毛泽东和大家一样，每天领着为数较少的粮油供应，吃着粗茶淡饭，穿着补丁衣服，住着寒冷潮湿的窑洞。毛泽东给各机关写的传阅信，很多都是写在信封上，而且是外面写了，拆开来里面再写。毛泽东一件旧棉袄已经破得不能穿了还不舍得换，在不得不换时，他让警卫员帮他领了一件普通战士穿的灰布棉袄。毛泽东到抗大等地演讲，学员们看到他的裤子上总是补着补丁。毛泽东仅有三件衬衣，缝了又缝，补了又补，破得实在不能穿了，就

让人把三件衣服补成两件继续穿。

1939 年秋季的一天，毛泽东要到 5 公里之外的马列学院作报告。马列学院派了 4 个人去杨家岭接他，在半路与毛泽东相遇。他得知这 4 个人是去接自己的，对他们说，"一个人作报告，要四个人来接，要不得，要不得！你们四个人是不是抬轿子来接我呀？下回来，跟你们领导说，再来四个，来个八抬大轿，又体面，又威风！要是还有人，再来几个鸣锣开道的，派几个摇旗呐喊的，你们说好不好？那才不像话嘛，对不对？皇帝出朝，要乘龙车凤辇；官僚出行，要坐八抬大轿。前呼后拥，浩浩荡荡，摆威风。我们是共产党人，万万不能沾染官僚作风，不要接接送送嘛！我们要养成一种新的风气，延安作风，用延安作风打败西安作风。"① 毛泽东第一次提出"延安作风"一词。共产党员是讲革命的，必须有良好的作风。作为领导干部更应该率先垂范，"其身正，不令而行；其身不正，虽令不行。"在毛泽东的推动下，"延安作风"逐渐形成。

（二）中央机关的纺线比赛

1943 年年底，359 旅给中央机关送了一批新纺车。周恩来、朱德、任弼时等领导人都被纺车吸引住了，开始学习纺线，只要有空就加紧练习纺线技术。周恩来的右胳膊受过伤，纺线非常不方便，但他仍然坚持不懈地练习。任弼时的视力不好，有人劝他不要纺线了，他风趣地回答，陕北婆姨女子都是眯着眼、哼着曲、拉着话纺线的，我肯定会比你们纺得好。在他们的带动下，中央机关掀起了一股纺线热潮。每天天不亮，就有人坐在了纺车前；到了吃饭时

---

① 谭逻松、张其俊：《毛泽东的幽默故事》，同心出版社 1993 年版，第 33—34 页。

间，还有人多纺几圈；到了晚上，屋里屋外，到处响着"吱扭吱扭"的纺车声。

1944年3月初，枣园的中央机关举行纺线比赛，院子内整齐地摆放着一架架纺车，纺车旁垒放着一捆捆的棉条，周恩来、任弼时等中央领导作为普通选手参加比赛。随着比赛的哨声响起，几十辆纺车一起开始摇动。周恩来不慌不忙，每个步骤都精准地完成，一会儿工夫就纺出一个大大的线穗子。任弼时也不落后，他有条不紊地摇车、抽线，动作显得非常熟练。旁观的人们都对他们赞不绝口。中午时分，比赛结束，经过评比，周恩来、任弼时被评为"纺线能手"。他们纺的线，无论是数量，还是质量都非常好，被评为一等线，送到边区的生产展览会上展出。

（三）党的领袖"勤俭诚朴，公忠耐苦"

陈嘉庚先生抵达延安

陈嘉庚先生是南洋华侨领袖，时任南侨总会主席，他有着一颗深深的爱国心，是著名的爱国华侨。1940年年初，陈嘉庚先生发起组织南洋华侨回国慰劳视察团。3 月 25 日，陈嘉庚及随行人员飞抵重庆。蒋介石组织了国民党军、政各界几千人的欢迎队伍到机场欢迎陈嘉庚，准备了 8 万元的接待经费，举办了一系列的大小宴会。陈嘉庚看到这些非常的失望，在抗战的艰难时刻，如此铺张浪费，挥霍无度，实在不该。他在重庆的报刊登了一则启事，强调慰劳团的费用全部自理，不需要政府消耗招待费用。他特别强调了在艰难困苦的抗战时期，"尤当极力节省无谓应酬"。① 最令陈嘉庚失望的是重庆政府官员的贪污腐败，消极抗日。所以，他决定尽快访问延安。

陈嘉庚一行排除重重障碍，于 5 月 31 日抵达延安，延安各界5000 多人在南门外热情地迎接。

朱德负责陪同陈嘉庚先生在延安参观，陈嘉庚对这位平易近人的八路军总司令印象深刻。在抗日军政大学，朱德与学生们一起打篮球，在部队，朱德跟战士们一起吃饭。6 月 1 日，陈嘉庚在朱德的陪同下参观了女子大学，随后又前往杨家岭会见毛泽东。陈嘉庚远远地望见毛泽东站在窑洞口，一身衣服显然比较陈旧了。毛泽东赶忙迎上前去，二人热烈地握手，互相问候。进了窑洞，陈嘉庚看到，一张旧式的乡村木方桌，十几把高低不一的木椅子，墙上挂着一幅地图，除此之外再无他物。陈嘉庚深深为毛泽东的诚恳和朴素感动。

傍晚，毛泽东在窑洞外的院子里设晚宴招待陈嘉庚。一张圆桌面放在方桌上，上面铺了四张白纸当桌布，桌上仅有白菜、咸菜和一盆鸡汤。毛泽东抱歉地解释说："我没有钱买鸡，这只鸡是邻居

---

① 陈嘉庚：《南侨回忆录》，中国华侨出版社 2014 年版，第 107 页。

老大娘知道我有远客，特地送来的。"① 陈嘉庚深深地感受到中国共产党和毛泽东的朴素。之后的几天，陈嘉庚与毛泽东会见了多次，很多细节令其感动不已。如有一次，毛泽东与陈嘉庚在办公室谈论南洋的情况，总司令部的人都来参加，座无虚席，一名迟到的勤务兵，看到毛泽东身边还略有空隙，就过去挤身坐下，毛泽东看了看他，向旁边挪了挪身体，以便让他坐得舒适点儿。还有一次，毛泽东陪同陈嘉庚逛延安新市场。陈嘉庚观察毛泽东的穿着并不比当地赶集的农民好，街上的人都跟他打招呼，有的人还会停下来和他聊几句。人们毫无忌惮，无拘无束地交谈。从毛泽东、朱德等领导人的身上，陈嘉庚看到："其领袖及一般公务员，勤俭诚朴，公忠耐苦，以身作则，纪律严明，秩序整然。"② 延安有"十个没有"的干部新作风和社会新气象，即没有贪官污吏，没有土豪劣绅，没有赌博，没有娼妓，没有小老婆，没有叫化子，没有结党营私之徒，没有萎靡不振之气，没有人吃摩擦饭，没有人发国难财。陈嘉庚深深为延安"只见公仆不见官"的社会新风尚感动。

6月7日晚，延安各界代表在中央大礼堂举行欢送会，毛泽东、朱德等领导人出席。陈嘉庚在讲话中说：通过这次实地考察，真正感受到了延安党政军民所激发的艰苦奋斗精神并由此形成的良好社会风气。因此，他对抗战胜利有了绝对的信心。

7月17日，陈嘉庚一行回到重庆，应国民外交协会主席陈铭枢的邀请，作了题为《西北之观感》的演讲，讲了自己在延安的所见所闻，讲了延安的一派新气象。陈嘉庚回南洋的途中，12月

① 政协全国文史资料研究委员会等：《回忆陈嘉庚》，文史资料出版社1984年版，第184页。

② 黄金陵、王建立：《陈嘉庚精神文献选编》，福建人民出版社1996年版，第121页。

15 日，经过缅甸仰光，在当地华侨欢迎会上他激动地说："中国的希望在延安！"① 后来，陈嘉庚在《南侨回忆录》的序言中写道，我到延安视察，"见其勤劳诚朴，忠勇奉公，务以利民福国为前提，并实行民主化，在收复区诸乡村，推广实施，与民众辛苦协作，同仇敌忾，奠胜利维新之基础。余观感之余，衷心无限兴奋，梦寐神驰，为我大中华民族庆祝也"。② 陈嘉庚先生一生朴素，为办教育倾资卖厂，表现出对国家和民族的赤诚之心。中国共产党人为民族和人民的解放艰苦奋斗、毫无私利，正是国家、民族之希望所在。

---

① 中共厦门市委党史研究室：《华侨领袖陈嘉庚》，中央文献出版社 2001 年版，第 16 页。

② 陈嘉庚：《南侨回忆录》，中国华侨出版社 2014 年版，第 4—5 页。

第八章　严惩腐败从严治党的典型案例

延安时期，由于革命环境、经济、政治等各方面条件的变化，腐败现象在抗日根据地时有发生。例如，随意开支，严重浪费，贪污腐化，滥用权势，徇私舞弊等。在延安的 13 年里，中国共产党始终以建立廉洁政府为目标，在陕甘宁边区和各根据地开展了长期的反腐败斗争。这不仅克服了腐败现象的滋生，保持了中国共产党的活力，也赢得了社会各界的赞誉和信任，为中国革命的最终胜利奠定了坚实的政治基础。

在陕甘宁边区初创阶段，中共中央就提出建立廉洁政府的目标。1937 年 8 月 25 日，中共中央在洛川召开政治局扩大会议，制定和通过了《抗日救国十大纲领》，其中规定："改革政治机构，实行地方自治，铲除贪官污吏，建立廉洁政治。"之后，边区政府制定和颁布了一系列惩治贪污腐化的法规制度和纲领，如《陕甘宁边区惩治贪污条例》《晋西北惩治贪污暂行条例》《晋冀鲁豫边区惩治贪污暂行办法》《晋察冀边区惩治贪污条例》《陕甘宁边区抗战时期施政纲领》《陕甘宁边区施政纲领》等。这些法律法规和纲领使反腐倡廉建设更加纲领化、制度化和法制化。但是，如果有了法律法规和纲领而不实施，不执行，那也无济于事，相反只能造成更严重的破坏。中国共产党不但制定了一系列法律法规和纲领，而且严格遵守和执行。

一 黄克功案

延安时期，中国共产党对党和政权内出现的贪污腐化分子从不遮掩、一律严加查办，不管是资历老、功劳大的党员干部，还是年轻有为的新党员，都一律按照法律规定处置。黄克功案是当时震惊四野的大案，也是党的历史上从严治党的典型案件。

（一）黄克功案的发生

黄克功，1927 年参加革命，1930 年加入中国共产党，经历过两万五千里长征，是一名功高卓著的老共产党员、老红军。但他自恃功高，比较骄横。到达陕北后，黄克功与抗大学员，即 16 岁的刘茜相识，两人颇为交好，开始恋爱。但是，随着交往的深入，两人对爱情、家庭的看法显现出越来越大的差异。刘茜对黄克功提出的结婚要求非常不满。1937 年 10 月 5 日，黄克功约刘茜在延河畔散步，因逼婚未遂，黄克功枪杀了刘茜。黄克功由一个革命功臣堕落为一个杀人犯。

这件事引起了边区内外很大的震动。在国统区，国民党的《中央日报》把它当作"桃色事件"大肆渲染，攻击和污蔑共产党和边区政府"无法无天"。这些混淆视听的叫嚣，让不明真相的人对中国共产党和边区政府产生各种猜疑和不满。在延安，这种骇人听闻的恶性事件以前从来没有发生过，引起了轩然大波，一时轰动了整个延安城，舆论哗然，群众反映强烈、议论纷纷。尤其是女学员们非常气愤，无不咬牙切齿地痛斥这种行为是惨无人道的行为，大家纷纷要求法庭实行枪决，以严肃纪纲。

中共中央非常慎重，组织各单位进行讨论。各界讨论的意见有两种：第一种，黄克功身为老革命、老红军、老共产党员，应该带头遵守法纪，而他却目无法纪，公然违反边区婚姻法，逼迫未达婚龄的少女与其结婚。更为恶劣的是，他因未达到目的而丧心病狂地、残忍地枪杀了刘茜同志。他触犯了边区的刑律，应该处以极刑。第二种，黄克功虽然犯了死罪，但是，他少年参军，从井冈山到陕北，有着光荣的革命历史，战功显赫。现在国难当头，正是需要用人的时候，应该珍惜每一个有用的人才。因此，应该免除黄克功的死刑，让他上前线，将功赎罪，战死在与敌人的斗争中。

（二）毛泽东的批示及案件的公审

黄克功对自己所犯的罪行供认不讳，但是他认为自己功劳大，可以免予极刑，请求戴罪抗日、将功赎罪。他写信给毛泽东和边区高等法院，请求念他十年来为革命艰苦奋斗，留他一条性命，以战死沙场，为党尽忠。当时任陕甘宁边区高等法院院长、案件审判长的雷经天，也写信向毛泽东汇报了有关情况，并提出"严格依法办事，对黄克功处以极刑"的意见。抗大的副校长罗瑞卿平时很器重黄克功，与他私情较好，但罗瑞卿并没有因此放弃原则。在有关会议上，罗瑞卿强调，不能因为功劳、地位、才干等妨碍依法制裁。罗瑞卿把抗大组织的意见和群众的反映，原原本本向党中央和毛泽东报告。

毛泽东在收到黄克功、雷经天的信以及罗瑞卿的报告后，很快做出批示。1937年10月10日，毛泽东给雷经天写了复信，他在信中写道："你的及黄克功的信均收阅。黄克功过去斗争历史是光荣的，今天处以极刑，我及党中央的同志都是为之惋惜的。但他犯了不容赦免的大罪，以一个共产党员、红军干部而有如此卑鄙的，残忍的，失掉党的立场的，失掉革命立场的，失掉人的立场的行为，如为赦免，便无以教育党，无以教育红军，无以教育革命者，并无以教育做一个普通的人。因此中央与军委便不得不根据他的罪恶行为，根据党与红军的纪律，处他以极刑。正因为黄克功不同于一个普通人，正因为他是一个多年的共产党员，是一个多年的红军，所以不能不这样办。共产党与红军，对于自己的党员与红军成员不能不执行比较一般平民更加严格的纪律。"[1]

雷经天

10 月 11 日，根据党中央的指示，边区政府及高等法院在陕北公学的大操场，进行公开审判，当众宣读了对黄克功的公诉书、判决书以及毛泽东的复信。大会根据罪行和边区法律，对黄克功判处

① 《毛泽东文集》第 2 卷，人民出版社 1993 年版，第 39 页。

死刑。大会的最后，张闻天作了题为"民主、法制与共产主义的恋爱观"的讲话，讲话中强调任何领导人、干部、战士与群众，在法纪面前是平等的。

黄克功被处以极刑，不仅在抗大、延安产生了强烈的反响，甚至在全国都掀起了不小的波澜。国民党的恶意毁谤和社会上的流言蜚语不攻自破，群众都称赞共产党执法公正、纪律严明。一位来自国统区的参观者给边区高等法院题词，赞扬"陕甘宁边区司法没有'法制小人，礼遇君子'的恶劣态度"，充满着"平等与正义的精神"。李公朴先生曾评价延安为将来的新中国树立了一个好的法律榜样。黄克功案件的处理，对反腐倡廉建设起到了巨大的积极作用，成为从严治党的范例，其意义远远超出了案件本身。

二 严惩"肖玉璧"式的腐化

（一）肖玉璧案

肖玉璧出身贫寒，十几岁就参加红军，战争过程中多次负伤，立下了赫赫战功。因为长期劳累，营养不良，加上多次受伤，肖玉璧的身体彻底垮了，不适合再征战沙场。1939年年底，肖玉璧被调回延安，任边区贸易局副局长。

1940年，肖玉璧在延安中央医院住院治疗，毛泽东到医院看望住院的干部和战士。毛泽东看到肖玉璧，问身边的医生他患了什么病。医生掀开肖玉璧的被子，指着他肚子上的几处伤疤说，他的病是以前所受的掼穿伤没有处理好导致的消化功能弱化，再加上过度劳累和营养不良，以致身体过度虚弱形成重度昏迷。毛泽东十分关切地问："这可好治愈?"医生郑重地说："其实非常好治，只要给他吃一个月好饭就行了。"毛泽东看着肖玉璧身上多达 87 处的枪伤、刀伤，眼睛湿润了。毛泽东特别嘱咐身边的工作人员，把中央特批给他的每天半斤牛奶给肖玉璧饮用，直到他出院。半个月后，毛泽东又专程去医院看望肖玉璧，嘱咐医生一定照顾好他的生活。

肖玉璧出院后，组织上考虑到他的身体状况，决定安排他回到家乡清涧县，任清涧县张家畔税务分局的局长。这样，比较方便家人照顾他的生活。可是，肖玉璧却觉得委屈，不想去一个小地方当一个小小的税务分局局长。肖玉璧找到毛泽东为他重新安排工作，毛泽东告诉他：要服从组织分配。肖玉璧带着满腹委屈赴任。任职以后，他利用职务之便克扣公款、收受贿赂。经查实，肖玉璧前前后后总计贪污 3050 元。根据边区政府于 1938 年 8 月制定的《惩治贪污暂行条例》，肖玉璧贪污数额巨大，应该处以死刑。但是，肖玉璧并不把法纪放在眼里，认为自己资格老、功劳大，就算是贪污几个钱，共产党、毛主席也不会把自己怎么样。

边区法院根据相关法律规定判决肖玉璧死刑，但肖玉璧不服，要求写信给毛主席。林伯渠把肖玉璧的信转交给毛泽东，毛泽东看后对林伯渠说，如同黄克功案，法院依法判决。1941 年 12 月，肖玉璧被执行了枪决。

1942 年 1 月 5 日《解放日报》专门发表了《从肖玉璧之死说起》的社论，其中指出要严重地注意每一次反贪污的斗争，抓紧揭发每一个贪污事件。由于中共中央和司法部门执法公正，才使肖玉璧案依法裁决，保证了廉洁政府建设的健康发展。法律面前人人平等才能有效地制约权力，防止政权腐败。

肖玉璧在战场上英勇无畏、出生入死，对党和革命忠诚无私；但在较为和平的敌后却堕落为一个贪污腐败分子。肖玉璧案留给后人的警示是非常重要的，教训是深刻的。该案教育了广大党员干部要不断加强党性修养，对那些意志不坚定、政治觉悟不高的同志也起到了警示的作用；党要制定完善的制度、法律并严格执行以保证廉洁政府的建设，保持党的纯正。

（二）刘振秋案与刘力功案

从 1937 年到离开延安的 13 年里，陕甘宁边区司法部门总计处理了近千件腐败案。除了大家熟知的黄克功、肖玉璧案，还有几件较为典型的案例，对全党极具教育意义。

时任八路军某部团政委的刘振秋，是一位身经百战的革命功臣，参加过五次反"围剿"，经历长征，参加著名的平型关大捷时，他身负重伤，荣立战功。到达延安后，面对新的环境，他腐化堕落了。他不仅工作散漫、不负责任，还沾染了严重的官僚习气，随意谩骂干部、战士，拒绝上级命令，而且他贪图享乐，生活腐化，经常私用公款，贪污公款 500 余元。由于他拒绝党的教育，被总政治部党委开除党籍，并交法庭处理。

刘力功是抗大毕业的知识分子，后来进入延安党校训练班学习，1938 年入党。训练班毕业时，根据抗大和党校毕业分配的原则，党组织决定让他到华北基层去锻炼。但刘力功却拒绝服从党的安排，要求进入马列学院或者回原籍工作，否则就要退党。陈云等党组织领导先后 7 次找他谈话，帮他认识基层工作的重要性和组织分配的原则，但他执迷不悟，拒不执行党的决议。对于如此恃才自傲、目无组织的党员，党组织经过慎重考虑，决定予以开除党籍。刘力功代表了当时奔赴延安学习的一部分青年，他们自视有学识，看不起工农大众，有着明显的自由主义倾向，工作上讲条件，生活中求待遇。这种不正风气必须及时纠正，陈云决定在延安开展一场"为什么要开除刘力功党籍"的大讨论，他在中央机关刊物《解放》杂志上撰文指出一个共产党员的权利和义务，文章突出强调了全体党员自觉遵守纪律的必要性和重要性。他还亲自参加机关、学校的讨论，语重心长地叮嘱大家：中国革命是长期艰苦的事业，共产党及其党员必须有统一的意志行动，必须有百折不回的坚持性和铁的纪律，才能取得胜利。

厉行廉洁，严惩腐败是共产党一贯的方针政策。延安时期，中共中央对贪污腐败的"零容忍"，严厉惩处了腐败分子，保证了法律的平等性、权威性和严肃性。对大案要案的处理，不仅使边区的贪污腐败事件大大减少，而且造就了"艰难困苦，玉汝于成"的廉政风尚，密切了党与人民群众的关系，促进了清明廉洁的良好党风和政风的形成，促进了党员干部以身作则、任劳任怨、廉洁奉公的优良作风，保证了革命的顺利发展和最后的胜利。

第三编 价值篇

第九章　延安精神在从严治党中的重要价值

毛泽东在 1939 年 10 月的《〈共产党人〉发刊词》中首次把"党的建设"称为"伟大的工程"。这项"伟大的工程"也成了中国革命取得胜利的三大法宝之一。在延安的 13 年中，长期的革命战争与艰苦卓绝的斗争环境锤炼了党，这一时期成为党由小变大、由弱到强、兴旺壮大的"辉煌时期"。党坚持求同存异，坚持团结斗争，领导并巩固抗日民族统一战线，肩负起民族解放与振兴的重任，成为中华民族抗战的中流砥柱。

《共产党人》创刊号

伟大的实践产生伟大的理论，伟大的理论指导伟大的实践。延安时期的伟大实践产生了延安精神，延安精神又推动了中国革命的伟大实践。在延安，我们党认真吸取过去的教训，总结历史经验，切实加强党的建设。在延安，毛泽东思想日益成熟丰富，并发展成为全党的指导思想，形成了以毛泽东为核心的第一代党中央领导集体。在陕甘宁边区，这里成为我们党局部执政的试验区，为革命胜利后在全国执政提供了借鉴和宝贵经验。在延安，我们党用宽广的视野和精准的战略思维，为兴党创业、建国执政培育了大批党、军、政的栋梁之材。在延安，窑洞里有马列主义，党中央在这小小的指挥所里，用锐利的思想武器指导革命的胜利。在延安，党与人民群众鱼水情深，同心同德，"实行民主真行宪，只见公仆不见官"是党的宗旨的真实写照……延安精神体现了党的性质、宗旨、理想、信念，淋漓尽致地展现在党的各项工作、建设与发展的整个生动实践中。因此，弘扬延安精神，全面从严治党，就要紧紧抓住党的性质、宗旨、作风、组织等这些像"基因"一样无时无刻不在起作用的基本特质，延安精神是越用越有价值的"营养剂"。

进入新世纪、新阶段，我们党的自身建设面临一系列新情况、新问题、新挑战，落实党要管党、从严治党的任务比以往任何时候都更为繁重、更为紧迫。2015年2月13日至16日，习近平在陕西省调研考察时强调，全面从严治党要继续从延安精神中汲取力量。我们必须以更大的决心和勇气抓好党的自身建设，全面从严治党，继续从延安精神中汲取营养，不断发掘延安精神在从严治党中的价值与作用。新常态下，继承和发扬延安精神对于我们弘扬党的优良传统和作风，保持党的先进性和纯洁性，不断提高党的执政能力，对党治国理政、团结和带领全国人民实现中华民族的伟大复兴，具有极其重要的现实意义。

2015 年 2 月，习近平总书记来到延安杨家岭参观中共七大会址

一　延安精神在从严治党中的历史价值

延安时期党的建设波澜壮阔，丰富多彩。延安精神不仅是延安时期党的建设的需要，也是这一时期党的建设的产物，是党的建设的伟大成果。它的形成和发展，开创了党的建设的新局面，推动了党的事业的大发展。延安精神集中体现了共产党人的世界观、人生观和价值观，是中国共产党性质、宗旨、作风和共产党人人格魅力的生动体现。

（一）提高党的整体素质

1945 年 4 月，毛泽东在《中国共产党第七次全国代表大会的工作方针》中曾说过这样一句话："我说陕北是两点，一个落脚点，一个出发点。"① 党和红军在第五次反"围剿"失败后，被迫

---

① 《毛泽东文集》第 3 卷，人民出版社 1996 年版，第 297 页。

进行战略转移，经过艰苦卓绝的两万五千里长征后落脚陕北。从此，党和红军终于有了一个安身之处，有了一个指导中国革命的根据地、大本营、指挥所。党生存下来再发展壮大，这里是党的一切工作的"先行试验区"，是锻造一个坚强有力的马克思主义政党的出发地。

延安时期，各种危局与困境一直考验着党。概言之，主要有五个方面，即"政治发展困局、经济发展困局、社会发展困局、文化发展困局和党的自身建设困局。""而在党的自身建设方面，党所面临的主要困境是如何把一个以农民和小资产阶级为主的，思想上、政治上、组织上涣散的党，建设成为一个坚强的、巩固的、统一的、高素质的马克思主义政党。"① 管党治党中存在很多严峻的问题亟须解决，诸如马克思主义理论修养不够，对"什么是马克思主义、怎样应用马克思主义"认识不清；遵义会议后"在思想上主观主义的遗毒仍然存在"，对革命前途认识不清；大批农民和小资产阶级出身的新党员的加入，党内出现思想、组织、作风上的极度不纯；以毛泽东为核心的党的领导集体正在形成中，对这一重大历史转变还需要有一个认识、接受的过程。延安精神正是在这一管党治党的过程中培育形成的，"坚定正确的政治方向"就是解决党内对革命前途认识不清的问题，"解放思想，实事求是的思想路线"就是解决"什么是马克思主义、如何应用马克思主义"的问题，"全心全意为人民服务的根本宗旨"就是解决革命队伍中尤其是党内存在的封建的、小资产阶级的思想和表现的问题，"自力更生、艰苦奋斗的创业精神"就是解决党员干部身上存在的畏惧困

---

① 吴永：《困境与危局——延安时期中国共产党应对危机研究》，人民出版社2014年版，第8—9页。

难、精神懈怠、动力不足的问题。在这 13 年里，逐渐形成的延安精神不断解决着党和党员思想上、政治上、组织上、路线上的问题，对党的生存和发展有着深远的影响。

延安时期，战士们开展集中学习

毛泽东曾说过，"既要革命，就要有一个革命党。没有一个革命的党，没有一个按照马克思列宁主义的革命理论和革命风格建立起来的革命党，就不可能领导工人阶级和广大人民群众战胜帝国主义及其走狗。"[1] "在一个四亿五千万人的中国里面，进行历史上空前的大革命，如果领导者是一个狭隘的小团体是不行的，党内仅有一些委琐不识大体、没有远见、没有能力的领袖和干部也是不行的。"[2] "我们党的组织要向全国发展，要自觉地造就成万数的干部，要有几百个最好的群众领袖。这些干部和领袖懂得马克思列宁主义，有政治远见，有工作能力，富于牺牲精神，能独立解决问题，在困难中不动摇，忠心耿耿地为民族、为阶级、为党而工作"，"这些人不要自私自利，不要个人英雄主义和风头主义，不

① 《毛泽东选集》第 4 卷，人民出版社 1991 年版，第 1357 页。
② 《毛泽东选集》第 1 卷，人民出版社 1991 年版，第 277 页。

135

要懒惰和消极性，不要自高自大的宗派主义，他们是大公无私的民族的阶级的英雄，这就是共产党员、党的干部、党的领袖应该有的性格和作风"。① 我们党之所以能够从小到大，从弱到强，在失败中崛起，在困难中奋进，正是因为我们党因时制宜、因事制宜地注意巩固党的组织，全面加强党的自身建设，也正是革命过程中逐渐培育形成的延安精神极大地推动了党的自身建设，提高了党的整体素质和领导能力，使党具备了应对危局困境和突发事件的能力。

（二）实现党的团结统一

"中国共产党内部的团结，是团结全国人民争取抗日胜利和建设新中国的最基本的条件。经过了十七年锻炼的中国共产党，已经学到了如何团结自己的许多方法，已经老练得多了。这样，我们就能在全国人民中形成一个坚强的核心，争取抗日的胜利和建设一个新中国"。② 团结和胜利就是延安精神聚党心，赢民心的必然结果。延安精神的形成为中国共产党的发展壮大，为抗日战争的胜利提供了巨大的精神力量，极大地促成了全党思想和政治上的空前团结统一，尤其是"整风运动"，为我们取得新民主主义革命的伟大胜利奠定了坚实的思想基础。

1942 年开始的延安整风运动，是党加强在思想上、理论上、组织上和作风上的建设，是党的建设伟大工程的重要实践。土地革命战争以来，以王明为代表的"左"倾教条主义和右倾机会主义错误给党和中国革命造成的严重损失，亟须从思想上、政治上进行彻底清算，主观主义、宗派主义和党八股还在党内存在，严重地束

第三编 价值篇

---

① 《毛泽东选集》第 1 卷，人民出版社 1991 年版，第 277 页。
② 《毛泽东选集》第 2 卷，人民出版社 1991 年版，第 535 页。

缚着广大党员的思想。与此同时，抗日战争爆发后，党的迅速发展，大量的新党员出身于农民和小资产阶级知识分子，缺乏必要的政治上和组织上的训练，缺乏对马克思列宁主义普遍原理和中国革命实践相结合原则的理解。鉴于上述种种原因，中央当机立断地做出决定：利用相持阶段的时机在党内进行一次整风运动，总结历史经验教训，统一全党对历史问题的认识，克服不良作风，提高全党的马列主义水平，增强党的团结，争取抗日战争的胜利。延安整风运动在全党确立了实事求是的思想路线，实现了全党在马克思列宁主义基础上的空前的团结和统一，大大提高了全体党员的共产主义觉悟，提高了全党的创造力、战斗力和凝聚力。

"同志们间做到了互相帮助，互相关心，团结友爱，高高兴兴"，"党的精神面貌焕然一新，各个战线工作都是蓬蓬勃勃、日新月异地向前发展着、前进着。"① 1943 年，蒋介石在分析国共两党现状时曾表示，现在国民党士气低沉，但共产党力量却在增强。他不得不承认，共产党力量的增强是由于整风运动而产生的。可见，包括整风运动在内的延安精神教育了广大干部，团结了全党，使其从思想上、政治上和组织上实现了党的大团结、大统一。

（三）为局部执政到全国执政奠定基础

陕甘宁边区政府可谓党局部执政的"试验田"：经济建设、民主实践、文化创新、国际交往以及社会各项事业的综合发展和全面成功上都可以从延安的具体工作中得到深刻的诠释，这对党在民主革命胜利后由革命党转为执政党，进而执政全国具有启发性和指导

---

① 萧一平：《延安整风运动——回忆与研究》，中央文献出版社 2012 年版，第 15 页。

性的经验，具有以小见大的效果。

延安精神是中国共产党人作为执政主体的自我觉醒。延安时期，党不仅在政治理想上具有胸怀全国、全民族的执政理念，而且以全国、全民族的独立自主和人民解放为己任，考虑的是中华民族的政治走向问题，标志着党在政治立场和思想路线等方面已经站在执政主体的高度开始了党的建设。延安精神作为我党对执政者自身修养的理性认知和思想建构，对今天进行全面从严治党具有政治立场上的契合性和思想路线上的一致性。

延安精神包含了中国共产党局部执政的宝贵经验，对于中国共产党的长期执政具有重要的价值导向。1940 年 1 月，毛泽东在《新民主主义论》中，对新民主主义的政治、经济、文化作了深刻的阐述，第一次旗帜鲜明地提出了新民主主义的完整理论，描绘了新民主主义社会的蓝图，彰显着中国共产党人为国为民的宗旨，为新中国的建立奠定了政策基础。党在延安时期局部执政期间，始终坚持新民主主义的方向，身体力行地逐步达到新民主主义各项纲领规定的目标。党在执政的实践中，"坚持实事求是，在处理党政关系、政权建设的基本体制、建设廉洁政府、让人民监督政府，以及加强政府机关工作人员的作风建设等方面，积累了许多成功的经验，为党在全国范围执政提供了有益的借鉴。"[1]

党在延安时期的局部执政，取得成功的根本保证就是党的正确领导。不断发展变化的局势和各种错综复杂的问题，使党在政治上更加成熟。党同时注意加强自身建设，党的组织、党员队伍完善发展也是取得成功执政的关键所在。此外，依法执政的执政理念也是

---

[1] 中国延安干部学院编：《党在延安时期局部执政的历史经验》，中央文献出版社 2010 年版，第 52—53 页。

一个重要因素。党中央落脚陕北之后，颁布了许多边区政权法规，如《陕甘宁边区选举条例》《陕甘宁边区各级参议会组织条例》等，积极通过法律对根据地的政权和社会进行领导。"政治上用民主选政府，'实行民主真行宪，只见公仆不见官'。这个政府被称为有史以来最廉洁的政府。经济上发展经济大生产，开放搞活'三个先'：土地承包制、股份合作制和招商引资。文化上创办文艺人才摇篮'鲁艺'学院。毛泽东延安文艺座谈会讲话发表之后，为文化艺术工作和文艺工作者指明了正确的前进方向。新文学、新型歌舞剧、秧歌剧等文艺形式如雨后春笋般涌现。大中专院校及各种期刊分别创办达30多个。社会管理上也效果显著：一没有贪官污吏，二没有土豪劣绅，三没有赌博，四没有娼妓，五没有叫花子，六没有小老婆，七没有结党营私之徒，八没有委靡不振之气，九没有人吃摩擦饭，十没有人发国难财。"①

八路军留守兵团政治部给边区政府送匾

① 李世明：《延安精神》，中共党史出版社2012年版，第4—5页。

可以说，陕甘宁边区是当时全国最进步的地方，边区老百姓把边区政府看作自己当家做主的政府，敬赠"人民政府""爱民模范""民主政治""廉洁政府"的锦旗。因此，延安精神所包含的局部执政的理论价值，是中国共产党在执政过程中积累的宝贵遗产，为我党科学执政、民主执政、依法执政提供着有益的历史借鉴。

二 延安精神在从严治党中的理论价值

（一）丰富了马克思主义从严治党思想

马克思主义经典作家，历来注重无产阶级政党的建设。在1859 年 5 月 18 日，马克思在致恩格斯的信中就鲜明而尖锐地指出："我们现在必须绝对保持党的纪律，否则将一事无成"。① 在反对巴枯宁主义斗争中，1872 年 1 月，恩格斯在《桑维耳耶代表大会和国际》一文中，深刻揭露了巴枯宁否认党的纪律的目的和实质，深刻阐明了坚持党的纪律对坚持党的性质、加强党的建设的重要性。他明确指出："没有任何党的纪律，没有任何力量在一点的集中，没有任何斗争的武器！那末未来社会的原型会变成什么呢？简而言之，我们采用这种新的组织会得到什么呢？会得到一个早期基督教徒那样的畏缩胆怯的而又阿谀奉承的组织"。② 马克思、恩

---

① 《马克思恩格斯全集》第 29 卷，人民出版社 1972 年版，第 413 页。
② 《马克思恩格斯全集》第 17 卷，人民出版社 1963 年版，第 519 页。

格斯把必须绝对保持党的纪律特别是严明党的政治纪律作为无产阶级政党的一条建党原则，指出了党的纪律对于无产阶级政党和党所领导的事业的极端重要性。

列宁在创建俄国工人阶级政党的过程中也特别注重党的建设，列宁针对当时俄国社会革命运动中存在的分散主义思想和无政府主义倾向，指出："没有思想上的统一，组织上的统一是没有意义的。""没有共同的思想基础，根本谈不上统一的问题。"① 十月革命后，在苏维埃政权建设中，列宁把反对党内腐败作为党的建设的重点。在列宁看来，"没有什么东西比苏维埃政权的代表和不称职的公仆的掠夺行为更使苏维埃政权丢脸的了"。②

马克思主义经典作家有关党的建设理论，一直激励和启发中国共产党的自身建设，它一直成为中国共产党在不同历史时期坚持从严治党的理论共识。从广义上来说，延安精神的本质就是"布尔什维克的精神"，即马克思主义的立场、观点在思想、观念、作风中的具体体现。延安精神体现了马克思主义政党的性质，是马克思主义政党建设理论的继承和发展。作为马克思主义政党，中国共产党成功的秘诀，就在于长期坚持党的建设，从严治党。

（二）发展了马克思主义政党建设理论

延安时期，延安精神对党的各方面发展与完善起到了极大的促进作用，延安精神的丰富内涵深深滋养着党的肌体发展。党的组织建设、思想建设、作风建设、反腐倡廉建设和制度建设都有着长足的发展与完善。延安精神丰富和发展了马克思主义党建学说，更是

---

① 《列宁全集》第 5 卷，人民出版社 1986 年版，第 247—248 页。
② 《列宁全集》第 34 卷，人民出版社 1985 年版，第 422 页。

继承和发展了马克思主义政党建设理论。坚持从严治党，我们党从建立之初就始终坚持无产阶级政党的纲领和政策，将马克思主义政党理论同中国革命等现实国情结合起来，同党自身建设的需要结合起来。我党之所以能够保持先进性，带领全国各族人民战胜各种困难，根本在于能够不断落实从严治党要求，加强党员管理。坚持从严治党不仅丰富了马克思主义政党建设理论，更为其他马克思主义政党的发展提供了可资借鉴的经验，也为我们党今后的发展提供了坚强有力的思想和实践保证。

我们党是一个具有长期奋斗历史和优良革命传统的党，也是一个紧跟时代步伐、善于与时俱进的党。党的建设必须坚持继承和创新相结合，结合时代条件发扬党的光荣传统和优良作风。全面从严治党蕴含着深刻的哲学基础，是马克思主义思想方法与我国具体实际相结合的产物，也把中国共产党的党建理论发展到了一个新的阶段。

第三编　价值篇

第十章　延安精神在从严治党中的时代价值

治国必先治党，治党务必从严。延安精神是延安当时各种原生态精神的集大成者，是人民的精神、民本的精神、求实的精神，充分反映了中国共产党人一种特有的政治品格、精神气质和道德风范，体现了党与人民同呼吸、共命运的优良作风。作为我们党代代相传的精神法宝，不仅在延安时期发挥了重要的作用，而且对于新时期党的建设工作，仍然能发挥重要的指导作用。在当前新的历史条件下，充分挖掘"延安精神"那个时代对今天仍然具有永恒价值的思想、作风和理想等丰富的内涵，对于完善从严治党机制，确保党的性质不改变，党的旗帜不变色，加强和改善党的领导，提高党的执政能力，推进党的事业顺利发展，更好发挥党总揽全局、协调各方的领导核心作用，确保党始终成为中国特色社会主义事业的坚强领导核心，具有十分重要的现实意义。

一 坚定正确的政治方向是全面
从严治党的信仰牵引力

（一）理想信念永不动摇

"官兵一致同甘苦，革命理想高于天"。当时，为了战胜凶恶的日本帝国主义以及美帝国主义支持的国民党反动派，首要的一条就是要有强大的精神支柱和坚定的理想信念。中国共产党人正是怀着崇高的革命理想，凭着坚定的马克思主义信念、共产主义信念，坚信正义事业必然胜利的精神，统一了全党的思想，增强了中华民族的凝聚力，唤起了全国人民的民族自尊心和救国热情，因而前仆后继、英勇奋斗，以弱小的队伍和简陋的武器，与阵势强大、装备精良的敌人反复较量，历经千难万险，终于战胜了内外强敌，取得了新民主主义革命的伟大胜利，建立了社会主义新中国。

崇高的理想信念是坚持正确政治方向的前提。延安精神所倡导的根本就是理想信念问题。坚定的理想信念是延安精神的灵魂，是党团结奋进带领中国人民取得革命胜利的精神支柱和强大动力。坚定正确的政治方向就是当年共产党人坚定的信仰和执着的追求。

1938 年 4 月 1 日，毛泽东在陕北公学第二期开学典礼大会上的演讲中，对"坚定正确的政治方向"有一个通俗的解释。他说，共产党有一个方向，政治的方向。这一个方向，全国人民都以为是好的，那就是：打倒帝国主义，完成民主政治。这个政治方向是代表全中国绝大多数人的意见的。所以，正确的政治方向能够反映人民群众的根本利益，反映历史发展的客观要求。

毛泽东在陕北公学第二期开学典礼大会上作报告

（二）坚定理想信念，坚守共产党人精神追求

在新的历史条件下，在我们党长期执政和深化改革、实现中华民族伟大复兴的过程中，部分党员干部出现了不同程度的思想迷惘，淡漠、动摇甚至丧失了对马克思主义的信仰，对党的忠诚意识有所动摇，而且逐渐弱化，丧失了理想信念，缺乏对建设有中国特色社会主义的信心；还有部分党员干部不能正确认识要把执行党的现阶段政策同坚持党的最高理想统一起来的道理，误认为强调以经济建设为中心就不需要坚持共产主义理想信念，不能严格按照共产党员条件要求自己，缺乏进取精神，缺乏原则立场。部分党员特别是领导干部出现这样那样的问题，原因虽然错综复杂，是多方面的，但分析起来，究其根本原因，理想信念的滑坡，是最致命的滑坡，是思想堕落、行为失范的总根源。由于他们对马克思主义产生了疑惑，对中国特色社会主义道路产生了怀疑，对党和人民的忠诚度大为降低，理想信念这个"方向盘"、"定位仪"，出了问题。

为此，习近平总书记明确指出："理想信念是共产党人精神上的'钙'，没有理想信念，或者理想信念不坚定，精神上就会'缺钙'，就会得'软骨病'，就可能导致政治上变质、经济上贪婪、道德上堕落、生活上腐化。坚定的信仰始终是党员、干部站稳政治立场、抵御各种诱惑的决定性因素"。① 所以，在新的历史条件下弘扬延安精神，就必须紧紧抓住坚定建设中国特色社会主义的理想、坚定走中国特色社会主义道路的信念，立足于增强对党和人民的忠诚度，不断加强党性锻炼和党性修养，始终保持共产党人的政治本色，树立正确的政治观点，坚定正确的政治方向，努力成为政治成熟、立场坚定的党员干部。

理想信念是人思想行为的"方向盘"和"定位仪"。理想信念坚定正确，是成就一切工作和事业的前提和关键。坚定正确的政治方向，必须坚定不移地用马克思主义理论武装头脑，筑牢思想防线，加强理论学习和理论武装，努力做一名政治上的清醒者、坚定者。必须讲政治、懂规矩、守纪律。要对党忠诚，在思想上、政治上、行动上始终坚定地同党中央保持高度一致。必须补精神之"钙"、铸牢理想信念，"以实际行动彰显共产党人的人格力量"，站稳政治立场、保持政治定力、严守政治规矩。"无数事实证明，对共产党人来说，只有理论上清醒才能有政治上清醒，只有理论上坚定才能有政治上坚定。所以，要全面提高马克思主义理论素养，掌握辩证唯物主义和历史唯物主义思想武器，学懂弄通中国特色社会主义理论体系，弄明白历史怎样走来又怎样走下去，从而不断增强中国特色社会主义道路自信、理论自信、制度自信"。②

坚定理想信念，坚守共产党人精神追求，始终是共产党人安身

第三编 价值篇

---

① 《习近平关于协调推进"四个全面"战略布局论述摘编》，中央文献出版社 2015 年版，第 131 页。

② 同上书，第 137 页。

立命的根本，是共产党人的志向。习近平总书记在十八届中共中央政治局第一次集体学习时的讲话中指出："坚定理想信念，坚守共产党人精神追求，始终是共产党人安身立命的根本。对马克思主义的信仰，对社会主义和共产主义的信念，是共产党人的政治灵魂，是共产党人经受住任何考验的精神支柱。"[①] 要教育党员干部明确共产党人从哪里出发的、为什么出发的，从思想源头打牢党员干部的政治基础。要持续加强理想信念的"补钙"教育，坚持坚定正确的政治方向，引导党员干部当政治上的"明白人"，提高辩证思维、系统思维能力，提高把握问题实质、把握矛盾规律的能力，提高推动工作、解决问题的能力。

坚定正确的政治方向必须有坚定理想信念作支撑，"三严三实"专题教育解决的第一个问题就是理想信念动摇、宗旨意识淡薄的问题。严以修身，就是要加强党性修养，坚定理想信念，提升道德境界，追求高尚情操，自觉远离低级趣味，自觉抵制歪风邪气。理想信念是一个政党生命力的源泉，是共产党人的灵魂和特质。习近平总书记在党的十九大报告中指出："共产主义远大理想和中国特色社会主义共同理想，是中国共产党人的精神支柱和政治灵魂，也是保持党的团结统一的思想基础。要把坚定理想信念作为党的思想建设的首要任务，教育引导全党牢记党的宗旨，挺起共产党人的精神脊梁，解决好世界观、人生观、价值观这个'总开关'问题，自觉做共产主义远大理想和中国特色社会主义共同理想的坚定信仰者和忠实实践者。"[②] 习近平总书记指出："理想信念是共产党人的精神之'钙'，必须加强思想政治建设，解决好世界观、人

---

① 习近平：《习近平谈治国理政》，外文出版社2014年版，第15页。

② 习近平：《决胜全面建成小康社会 夺取新时代中国特色社会主义伟大胜利——在中国共产党第十九次全国代表大会上的报告》，人民出版社2017年版，第63页。

生观、价值观这个'总开关'问题。"① 坚定理想信念也是延安精神的灵魂。当前，坚定党员干部的理想信念，从严治党，必须继续从延安精神中汲取力量。当年，革命前辈为了社会主义与共产主义理想，随时经受着血与火、生与死的考验；而今天，考验党员干部的则是权力、金钱、美色。抓党的建设，要把理想信念贯穿始终，以坚守共产党人的政治追求、筑牢从严治党的精神藩篱。

同时，重视共产党人的党性修养，也是中国共产党建设的重要经验。坚持党性，核心就是坚持正确的政治方向，站稳政治立场，坚定宣传党的理论和路线方针政策，坚定宣传中央重大工作部署，坚定宣传中央关于形势的重大分析判断，坚决同党中央保持高度一致，坚决维护中央权威。2009 年 9 月 1 日，习近平同志在中央党校春季学期开学典礼上的讲话中指出，坚强的党性，是成为高素质领导干部的首要条件。各级领导干部要按照德才兼备的要求加强自身修养，不断提高综合素质。

二 实事求是的科学思想是全面从严治党的理论指导

（一）实事求是始终是党坚持的思想路线

1938 年 10 月 14 日毛泽东在党的六届六中全会报告《中国共产党在民族战争中的地位》中指出："共产党员应是实事求是的模

---

① 《习近平：理想信念是共产党人的精神之"钙"》，新华网，2014 年 1 月 20 日，http://news.xinhuanet.com/politics/2014-01/20/c_119051416.htm。

范，又是具有远见卓识的模范。因为只有实事求是，才能完成确定的任务；只有远见卓识，才能不失前进的方向"。① 1941 年 5 月，毛泽东在延安高级干部会议上作《改造我们的学习》报告中，从马克思主义哲学的高度对"实事求是"赋予了新的科学内涵，赋予其崭新的时代内容。"毛泽东带领中国人民取得革命胜利的原因之一，就是他更懂得中国的实际情况，更能实事求是，从实际出发来提出正确的战略策略"。② 延安时期最能反映和说明我们党实事求是的典型范例就是整风运动，整风运动的精神实质就是坚持实事求是的思想路线，坚持实事求是的思想路线同时也是延安精神的精髓与灵魂，即"延安精神得以形成和发展并贯穿其始终的，同时又体现在延安精神各个方面中的最本质的东西"。③

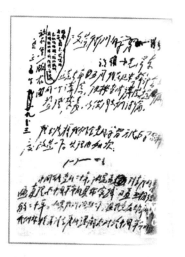

毛泽东在延安高级干部会议上所作的
报告《改造我们的学习》（节选）

---

① 《毛泽东选集》第 2 卷，人民出版社 1991 年版，第 522—523 页。
② 李世明：《延安精神》，中共党史出版社 2012 年版，第 109—110 页。
③ 闫伟：《论延安精神的本质特征及其历史启示》，《东方论坛》2015 年第 5 期。

因此，党的建设一定要坚持实事求是的思想路线，用发展着的马克思主义指导党的建设和中国特色社会主义的伟大实践。从当年"实事求是，力戒空谈"到今天"实干兴邦，空谈误国"，彰显了党的求真务实的作风。唯有在实干中才能破解一切难题；唯有在实干中才能把握一切机遇；唯有在实干中才能实现一切蓝图。习近平同志在中央党校 2011 年春季学期开学典礼上的讲话中指出："我们的所有成就，都是干出来的。这里的关键，就是始终注重抓落实。如果落实工作抓得不好，再好的方针、政策、措施都会落空，再伟大的目标任务也实现不了。"① 党的十八大把求真务实列入科学发展观最鲜明的精神实质，这既是我们时代的精神实质，也是共产党人长期坚持的优良作风，正是这种作风帮助我们党创造了一个又一个的辉煌。

（二）实事求是体现了科学精神

实事求是是中国共产党科学精神的体现，也是指导实践发展的最有效的理论思维。党的十八大以来，"习近平同志抓党建工作思路、对党建理论的阐释、在实践中推动党建工作的方法等等，无一不体现务实的行为风格。他习惯于用讲故事、举事例、摆事实的方式分析问题，如用陈望道翻译的《共产党宣言》的故事来告诉大家信仰的伟大、理想的力量。他善用大白话、大实话来解释疑惑，如用'墙头草''推拉门'来描述干部队伍中的好人主义现象；用'缺钙''软骨病'来比喻理想信念的缺失；用'打铁还需自身硬'比喻领导干部要以身作则；用'把权力关进制度的笼子里'阐述如何管住权力等。这种马克思主义实事求是的政治勇气和政治气魄，使得每一次讲话都给人以'大喝一声、猛击一掌'的感觉，

① 《十七大以来重要文献选编》（下），中央文献出版社 2013 年版，第 196 页。

使大家更好地'照镜子、正衣冠','洗洗澡、治治病'。"① 这些党建工作的形式与内容无不体现出一种实事求是、求真务实的风格，这些针对性很强的工作措施，其有效执行和落实，大大增加了全面从严治党的实际效果，成效显著。

一个没有思想和理论的政党，不可能产生凝聚力和战斗力。想问题、作决策、办事情，都要从实际出发，坚持真理、修正错误，发扬经验、吸取教训，不断把党和人民的事业推向前进。有了解放思想、实事求是的精神，才会有理论联系实际的行动，才能实现科学精神和实际精神的统一，才有说老实话、办老实事、做老实人的人格要求。在当前协调推进"四个全面"战略布局的过程中，"解放思想、实事求是、与时俱进，是马克思主义活的灵魂，是我们适应新形势、认识新事物、完成新任务的根本思想武器。全党同志首先是各级领导干部必须坚持马克思主义的发展观点，坚持实践是检验真理的唯一标准，发挥历史的主动性和创造性，清醒认识世情、国情、党情的变和不变，永远要有逢山开路、遇河架桥的精神，锐意进取，大胆探索，敢于和善于分析回答现实生活中和群众思想上迫切需要解决的问题，不断深化改革开放，不断有所发现、有所创造、有所前进，不断推进理论创新、实践创新、制度创新。"②

在新时期，有的同志背离了客观实际，犯了主观主义的毛病。表现在工作中对单位的情况若明若暗，平时自我感觉良好，待到问题一出才大吃一惊；有的脱离客观实际，凭想当然决策，决定问题，导致在工作中行不通，不得不朝令夕改，招致广大群众的抱怨；有的喜欢搞虚套子、花架子、善做表面文章和杀鸡取卵、急功

---

① 郭亚力等：《全面从严治党——学习习近平党的建设思想论述》，中共中央党校出版社 2015 年版，第 10 页。

② 《十八大以来重要文献选编》（上），中央文献出版社 2014 年版，第 115 页。

近利走极端，这些情况的出现都是认识与实践不相统一造成的结果。干部中普遍存在的不作为、乱作为和慢作为问题仍然相当严重。为此，传承好、实践好延安精神，坚持实事求是的思想是广大党员干部在新时期的光荣使命和神圣职责。在新的历史条件下，弘扬延安精神，坚持实事求是，不畏浮云遮望眼。实事求是是一种科学世界观，是一种科学方法论，更是人类掌握现实世界的一种科学方式。践行"三严三实"就要不断提高"实事求是"的能力，提高把握问题实质、把握矛盾规律的能力。"领导干部是否做到严以修身、严以用权、严以律己，谋事要实、创业要实、做人要实，全面深化改革是一个重要检验。要把'三严三实'要求贯穿改革全过程，引导广大党员、干部特别是领导干部大力弘扬实事求是、求真务实精神，理解改革要实，谋划改革要实，落实改革也要实，既当改革的促进派，又当改革的实干家"。①

弘扬实事求是的精神，就要把实事求是作为一种科学思维和道德追求，作为一种思维方式和基本素质，作为一种正式制度和规范要求贯穿于整个实践活动之中。人的科学思维和精神境界直接影响个人的判断，进而影响整个社会的风气。具有坚定的科学思维和良好的道德修养的人，可以自觉抵御各种利益诱惑，正确处理个人利益和他人、集体和国家利益的关系。弘扬实事求是的精神，就是把个人发展和事业进步结合起来，把政绩突出和品德高尚结合起来，把做好当前工作和追求长远目标结合起来，以实事求是作为自己的行为准则、价值追求。"在贯彻落实上，要防止徒陈空文、等待观望、急功近利。……必须有时不我待的紧迫意识和夙夜在公的责任

---

① 《习近平：把"三严三实"贯穿改革全过程　努力做全面深化改革的实干家》，2015 年 7 月 2 日，中国共产党新闻网，http://dangjian.people.com.cn/n/2015/0702/c117092 - 27242035.html。

意识。要防止'改革与我无关，开放离我很远'的错误认识，切忌等待观望、裹足不前或自我陶醉、自我满足。要抓实、再抓实，不抓实，再好的蓝图只能是一纸空文，再近的目标只能是镜花水月。"① 崇尚实干、狠抓落实，就是当前实现"两个一百年"奋斗目标、实现中华民族伟大复兴的中国梦必须坚持的理念。

三　恪守党的宗旨是全面从严治党的根本准则

（一）密切党群关系是党的宗旨的体现

延安时期最能说明、最能代表、最能反映共产党为人民服务的宗旨的典型事例就是"张思德精神"和毛泽东同志在追悼张思德的大会上发表为人民服务的即席演讲。在抗日战争的艰苦阶段，毛泽东同志高度称赞了张思德为人民服务的思想和行为，号召大家学习张思德同志完全、彻底地为人民服务的精神，赢得了广泛深厚的群众基础。他说："我们这个队伍完全是为着解放人民的，是彻底地为人民的利益工作的"②，"全心全意地为人民服务，一刻也不脱离群众；一切从人民的利益出发，而不是从个人或小集团的利益出发；向人民负责和向党的领导机关负责的一致性；这些就是我们的出发点"。③ "二十四年的经验告诉我们，凡属正确的任务、政策和

---

① 《习近平论改革落实：切忌等待观望裹足不前》，2015 年 11 月 23 日，中国共产党新闻网，http://cpc.people.com.cn/xuexi/n/2015/1123/c385474-27845889.html。

② 《毛泽东选集》第 3 卷，人民出版社 1991 年版，第 1004 页。

③ 同上书，第 1094—1095 页。

工作作风，都是和当时当地的群众要求相适合，都是联系群众的；凡属错误的任务、政策和工作作风，都是和当时当地的群众要求不相适合，都是脱离群众的"。① "共产党就是要奋斗，就是要全心全意为人民服务，不要半心半意或者三分之二的心三分之二的意为人民服务"。② 这一宗旨在延安时期得到了很好的贯彻，我们党在人民群众中树立了良好的形象，形成了很高的威望。"全心全意为人民服务"，是我们党唯一的根本宗旨，从革命战争时期"解放人民"，到新中国成立以来"执政为民"，再到现在的"以人为本"，这个根本宗旨是一脉相承的。

当年《解放日报》刊登毛泽东参加
张思德追悼会的报道

全心全意为人民服务是我们党的宗旨，我们党除了为广大人民群众谋利益外没有自己的私利。要做到立党为公、执政为民，必须保持同人民群众的血肉联系。延安时期的经验已经充分昭示了这一点。时

---

① 《毛泽东选集》第3卷，人民出版社1991年版，第1095页。
② 《毛泽东文集》第7卷，人民出版社1999年版，第284—285页。

任边区政府主席的林伯渠能够深入到农民家中去调查研究，中央领导能够与普通群众打成一片，到群众中去汲取营养，听取意见。作为党的主席的毛泽东同志能够从一个农民的指责中发现边区政府在经济政策中存在的问题，并做出及时的政策调整。为什么老百姓把共产党看成是"救星"，义无反顾地跟着共产党走？就是因为共产党人特别是党的干部通过密切联系群众，通过为群众谋求实实在在的利益，而赢得了群众的拥戴和信任。而在这一过程中党也了解了群众的诉求和愿望，并从群众中汲取了智慧和力量。没有与人民群众的血肉联系，立党为公、执政为民就是一句空话。党执政以后，最容易出现的问题就是脱离群众，最容易犯的错误就是侵犯群众利益。

（二）坚持以人为本，树立公仆情怀

"我们的党是全心全意为人民服务的政党。党领导人民已经取得举世瞩目的成就，我们完全有理由因此而自豪，但我们自豪而不自满，决不会躺在过去的功劳簿上。新形势下，我们党面临着许多严峻挑战，党内存在着许多亟待解决的问题。尤其是一些党员干部中发生的贪污腐败、脱离群众、形式主义、官僚主义等问题，必须下大气力解决。全党必须警醒起来。打铁还需自身硬。我们的责任，就是同全党同志一道，坚持党要管党、从严治党，切实解决自身存在的突出问题，切实改进工作作风，密切联系群众，使我们党始终成为中国特色社会主义事业的坚强领导核心"。[①]

当前，脱离群众的危险更加尖锐地摆在全党面前，党内脱离群众的现象仍然存在，一些问题还相当严重，集中表现在形式主义、官僚主义、享乐主义和奢靡之风这"四风"上。"四风"是违背我

---

① 习近平：《习近平谈治国理政》，外文出版社 2014 年版，第 4—5 页。

们党的性质和宗旨的，是当前群众深恶痛绝、反映最强烈的问题，也是损害党群干群关系的重要根源。坚持"老虎""苍蝇"一起打，既坚决查处领导干部违纪违法案件，坚持党纪国法面前没有例外，一查到底，绝不姑息，从严治党，从严惩治；又切实解决发生在群众身边的不正之风和腐败问题，如果不坚决纠正不良风气，任其发展下去，就会像一座无形的墙把我们党和人民群众隔开，我们党就会失去根基、失去血脉、失去力量。习近平总书记在党的十九大报告中明确指出："我们党来自人民、植根人民、服务人民，一旦脱离群众，就会失去生命力。加强作风建设，必须紧紧围绕保持党同人民群众的血肉联系，增强群众观念和群众感情，不断厚植党执政的群众基础。凡是群众反映强烈的问题都要严肃认真对待，凡是损害群众利益的行为都要坚决纠正。坚持以上率下，巩固拓展落实中央八项规定精神成果，继续整治'四风'问题，坚决反对特权思想和特权现象。"①

今天，在党长期执政的条件下，保持同人民群众的血肉联系是党的建设必须着力解决的重大课题。"密切联系群众"是"理论联系实际"在实际工作中的集中体现，是党的群众路线的核心。密切联系群众的作风，反映了党的全心全意为人民服务的宗旨，从而也成为延安精神的重要内容。群众路线是党的生命线和根本工作路线，全心全意为人民服务也是延安精神的本质。能否保持同人民群众的血肉联系，决定着党的事业的成败。

形成普遍的深入群众的工作作风。党员干部要始终坚持群众创造历史的唯物史观，坚持群众第一、服务群众的态度立场，提升服

① 习近平：《决胜全面建成小康社会　夺取新时代中国特色社会主义伟大胜利——在中国共产党第十九次全国代表大会上的报告》，人民出版社 2017 年版，第 66 页。

务群众的能力，自觉接受群众对权力的监督。我们要牢固树立公仆意识，践行公仆本色，坚决摒弃特权思想，自觉贯彻党的群众路线，时刻心系群众，热爱群众，服务群众，密切联系群众，一切为了群众，虚心听取群众意见，尊重群众首创精神的思想。全面从严治党，保持党的先进性和纯洁性，最重要的就是增强党员干部的宗旨意识，坚持党的群众路线，巩固党的执政基础和执政地位，以增强广泛、深厚、可靠的群众基础，永远保持与人民群众的血肉联系，自觉以民为师、以民为镜、以民为秤，勤恳为群众办事，自觉接受群众监督。

习近平总书记在党的十九大报告中提出："全面从严治党永远在路上。一个政党，一个政权，其前途命运取决于人心向背。人民群众反对什么、痛恨什么，我们就是坚决防范和纠正什么。"① "得民心者得天下，失民心者失天下。"古今皆然。中国共产党之所以夺得天下，靠的就是人民群众的坚决拥护。密切联系群众是我们党最大的政治优势，脱离群众是我们党面临的最大危险。"我们党以马克思主义为立党之本，以实现共产主义为最高理想，以全心全意为人民服务为根本宗旨。这就是共产党人的本"。② 只有我们把群众放在心上，群众才会把我们放在心上；只有我们把群众当亲人，群众才会把我们当亲人。坚持问政于民、问需于民、问计于民，真诚倾听群众呼声，真实反映群众愿望，真情关心群众疾苦，知民情、集民智、聚民力、解民忧、暖民心。

为人民服务，就是党的干部必须做人民公仆，忠诚于人民，以

---

① 习近平：《决胜全面建成小康社会　夺取新时代中国特色社会主义伟大胜利——在中国共产党第十九次全国代表大会上的报告》，人民出版社2017年版，第61页。
② 《习近平关于协调推进"四个全面"战略布局论述摘编》，中央文献出版社2015年版，第138页。

人民忧乐为忧乐，以人民甘苦为甘苦，全心全意为人民服务。勤政务实，勤政为民，勤勉敬业、求真务实、真抓实干、精益求精，创造出经得起实践、人民、历史检验的成绩。让发展成果更多更公平惠及全体人民，是我们党90多年来一直奋斗的目标。习近平主席曾向俄罗斯电视台主持人表示："中国共产党坚持执政为民，人民对美好生活的向往就是我们的奋斗目标。我的执政理念，概括起来说就是：为人民服务，担当起该担当的责任。"①

四　艰苦奋斗的创业精神是全面从严治党的精神动力

（一）作风优良是党的光荣传统和宝贵经验

延安时期，共产党人大力发扬艰苦奋斗的延安精神，在艰苦中寻求乐观，在劳动中夺取幸福，在战斗中获得发展。这样的一种精神无不是一种莫大的动力。大生产运动，是自力更生、艰苦奋斗的延安精神生动的现实体现。由于日本帝国主义的疯狂进攻，由于国民党反动派的军事包围和经济封锁，由于自然灾害的无情袭击，党领导的抗日民主根据地遭受到空前严重的经济困难。面对如此严峻的现实，毛泽东发出了"自己动手，丰衣足食"的伟大号召。于是展开了一场轰轰烈烈的生产自救运动。大生产运动对党的发展与建设的伟大贡献不仅仅表现在经济和军事方面，更为重要的是，在

---

① 《习近平接受俄罗斯电视台专访》，《人民日报》2014年2月9日。

政治上，它粉碎了日本帝国主义和国民党反动派的险恶阴谋，为抗日战争和解放战争的胜利奠定了坚实的物质基础。在思想上，大生产运动为经济建设积累了丰富的经验，密切了党群关系和军民关系，使艰苦奋斗的信念和作风进一步深入人心，并成为根据地军民和党的光荣传统。大生产运动所体现的自力更生、艰苦奋斗的革命精神，是全党和全国人民战胜敌人、克服困难，永远立于不败之地的强大思想武器，也是延安精神宝库中一颗闪光的珍珠。

大生产场景

抗大教育方针的第二条就是"艰苦奋斗的工作作风"。1939年5月1日，毛泽东出席延安各界为实行国民精神总动员和纪念"五一"劳动节大会的活动并发表题目为《国民精神总动员的政治方向》的演讲，指出，共产党历来更提倡坚定正确的政治方向，在抗战中间就要纠正一切不利于抗战的错误思想。这种坚定正确的政治方向，是与艰苦奋斗的工作作风不能脱离的，没有坚定的政治方向，就不能激发艰苦奋斗的工作作风；没有艰苦奋斗的工作作风，也就不能执行坚定正确的政治方向。实践证明，无论是在炮火连天的战场上，还是在社会主义建设时期，抗大教育培养的绝大多数干部政治立场坚定，思想作风过硬，经受住了战争和政治风雨的严峻考验。他们之所以能够在复杂和困难的环境中不迷航、不动摇，最根本的是他们在抗大奠定了牢固的思想基础，养成了高尚的精神品格，是延安精神在他们身上扎根成长的结果。

抗大学员自己动手，解决校舍不足的困难，半个月打成窑洞175孔

简政廉政是中国共产党老一辈革命家历来提倡并践行"俭朴"的传统。延安时期，以毛泽东为首的党中央，时刻保持艰苦奋斗、勤俭节约的作风。延安时期党的以俭促廉方针，注意从高级领导干部抓起，边区领导同志以身作则，并通过各种制度约束，防止高级领导干部的奢靡浪费现象。延安时期以俭促廉的宣传教育及法律规范，在边区公务人员中形成了很好的效果，实现了廉洁政治的目标。

延安时期实行以俭促廉，对民主政治的发展起到了积极作用。延安时期，在党的领导下开展了普选运动，民主选举极大地教育了民众，调动了民众参与政治、监督政府的积极性。边区政府的节约运动，因为有民众的广泛监督，成效更为显著。人民群众无时无处的监督，成了边区干部俭朴、廉洁的促进剂。

（二）反对和整治不良风气，营造风清气正的政治生态

任何政党的存在与发展，都离不开作风建设，对于中国共产党这样的马克思主义政党而言，作风建设尤为重要。党的作风直接关系到党的形象。作风就是形象，作风就是力量。"风正，则百官皆守；风不正，则百弊俱生。"因此，党风建设不仅对于我们党而言关系重大，而且也会直接影响到整个国家的政风与民风。"这些年来，在一些地方和单位，'四风'问题越积越多，党内和社会上潜规则越来越盛行，政治生态和社会环境受到污染，根子就在从严治党没有做到位。有些地方和单位看起来党在管党治党，但没有管到位上，没有严到份上。"[①] 抓作风建设，归根结底，就是希望各级干部都能树立和发扬好的作风，做到"三严三实"。作风建设永远在路上，永远没有休止符，不可蜻蜓点水，不可虎头蛇尾，不可只是一阵风，否则不可能从根本上解决问题，而且会导致作风问题不断反弹、愈演愈烈，最后失信于民。

成由勤俭败由奢。现在部分党员干部中奢靡之风仍有表现。铺张浪费、挥霍无度，大兴土木、节庆泛滥，生活奢华、骄奢淫逸，甚至以权谋私、腐化堕落，道德败坏、生活放荡。奢靡之始，危亡之渐。这些问题说明新时期我党非常需要一场新的"延安整风运动"，发扬艰苦奋斗的精神，一举扭转社会中存在的诸多不良风气。因此，解决"四风"问题，要标本兼治，既治标又治本。治标，就是要着力针对面上"四风"问题的各种表现，该纠正的纠

---

① 习近平：《在党的群众路线教育实践活动总结大会上的讲话》，《人民日报》2014年10月9日。

正，该禁止的禁止。治本，就是要查找产生问题的深层次原因，从理想信念、工作程序、体制机制等方面下功夫抑制不正之风。更"要从解决'四风'问题延伸开去，努力改进思想作风、工作作风、领导作风、干部生活作风，努力改进学风、文风、会风，加强治本工作，使党员、干部不仅不敢沾染歪风邪气，而且不能、不想沾染歪风邪气，使党的作风全面纯洁起来。"①习近平总书记在党的十九大报告中明确指出："只有以反腐败永远在路上的坚韧和执着，深化标本兼治，保证干部清正、政府清廉、政治清明，才能跳出历史周期率，确保党和国家长治久安。当前，反腐败斗争形势仍然严峻复杂，巩固压倒性态势、夺取压倒性胜利的决心必须坚如磐石。"②

各级领导干部要以身作则、率先垂范，说到的就要做到，承诺的就要兑现；要立正身、讲原则、守纪律、拒腐蚀，形成一级带一级、一级抓一级的示范效应，积极营造风清气正的从政环境。"越是领导机关，越是领导干部，越是主要领导，越要廉洁自律，加强监督，以身作则，当好表率"。③ 所以，1942 年毛泽东在《整顿党的作风》一文中说到，"只要我们党的作风完全正派了，全国人民就会跟我们学。党外有这种不良风气的人，只要他们是善良的，就会跟我们学，改正他们的错误，这样就会影响全民族"。④

党员干部还要把自力更生、艰苦奋斗视为个人立身立业的根基，永葆共产党人本色；党员干部要在生活中形成以俭为美、反对

---

① 《习近平：在党的群众路线教育实践活动总结大会上的讲话》，新华网，2014 年 10 月 8 日，http://news.xinhuanet.com/politics/2014-10/08/c_1112740663。

② 习近平：《决胜全面建成小康社会 夺取新时代中国特色社会主义伟大胜利——在中国共产党第十九次全国代表大会上的报告》，人民出版社 2017 年版，第 67 页。

③ 习近平：《之江新语》，浙江人民出版社 2007 年版，第 81 页。

④ 《毛泽东选集》第 3 卷，人民出版社 1991 年版，第 812 页。

奢侈的思想观念，在工作中以奋发有为的姿态应对新时期党所面临的严峻挑战。自力更生体现着主体精神，是我们党的一贯主张；艰苦奋斗体现着奋斗精神，是共产党人的政治本色，两者都是党领导人民从胜利走向胜利的传家宝。自力更生、艰苦奋斗是延安精神的重要标志，全面从严治党既要继承党的优良传统和作风，又要"坚持公私分明，先公后私，克己奉公；坚持崇廉拒腐，清白做人，干净做事；坚持尚俭戒奢，艰苦朴素，勤俭节约；坚持吃苦在前，享受在后，甘于奉献。"①

五　坚持党纪严于国法是全面从严治党的重要保证

（一）纪律严明是党的光荣传统和独特优势

国无法则无序，家无规则不立。而作为一个政党，则有其党纪，借以约束和规范其党员的言行，使党员的言行能够在制度的轨道中畅通运行。

党要管党，才能管好党；从严治党，才能治好党。对我们这样一个拥有八千多万党员、在一个十三亿人口大国长期执政的党，管党治党一刻也不能松懈。我们党是靠革命理想和铁的纪律组织起来的马克思主义政党，纪律严明是党的光荣传统和独特优势。我们党

---

① 《中国共产党章程·中国共产党廉洁自律准则·中国共产党纪律处分条例》，法律出版社2015年版，第37页。

有八千九百多万党员,"在一个幅员辽阔、人口众多的发展中大国执政,如果不严明党的纪律,党的凝聚力和战斗力就会大大削弱,党的领导能力和执政能力就会大大削弱"。① 为了维护党的统一和增强党的凝聚力,必须严明党的组织纪律,使党的组织纪律成为通电的高压线,任何人都触碰不得,无论其地位高低,违反党的组织纪律都会受到相关制裁。

延安时期,整风运动所带来的党风的改进和党纪的加强,有力地促进了各项事业的蓬勃发展,使整个解放区军民的精神面貌发生了很大变化。陕甘宁边区政府通过组织制度进行保障,制定了相关的规章制度,相继颁布了《各级政府干部任免暂行条例》《各级政府干部管理暂行通则》《各级政府奖惩条例》《陕甘宁边区政治贪污暂行条例》和《陕甘宁边区各级政府干部奖惩暂行条例草案》等。无论是"黄克功事件"还是"肖玉璧贪污案件",都表明了党坚持从严管党治党,把廉政建设逐步纳入民主和法治的轨道,营造出了良好的政治生态;体现出了延安时期中国共产党清除党内腐化堕落分子的坚定决心,充分认识到党章、党纪、国法都是全党必须遵守的规矩,严守党的政治纪律、组织纪律、群众工作纪律、廉政纪律,把懂规矩、守纪律当成自己立言立行立德的"生命线",是当时中国共产党从严管党治党的真实写照和典范,所体现出来的破除特权、倡导平等、追求公正、严惩犯罪、严肃党纪等理念和做法,为现在乃至将来党的队伍的治理、党的队伍的健康发展、党的执政地位的巩固留下了宝贵的经验,为当下管党治党提供了明确的实践指引,对当前全面从严治党有着重要的借鉴意义。

---

① 《十八大以来重要文献选编》(上),中央文献出版社 2014 年版,第 131 页。

（二）严格执行党的纪律，置守纪律讲规矩于重要地位

党的十八大以来，党中央多次强调，党员干部要严守政治纪律和政治规矩。之所以这样要求，是因为这些年，在党员干部中，存在一些错误认识，认为反腐是主要的，只要干部没有腐败问题，其他问题都可忽略不计，没有必要加以追究。甚至有的干部认为，只要自己没有腐败问题，其他问题都不是问题。对此，习近平在《在中共十八届四中全会第二次全体会议上的讲话》中进行了深刻分析，他指出："在这种观念支配下，一些人无视党的政治纪律和政治规矩，为了自己的所谓仕途，为了自己的所谓影响力，搞任人唯亲、排斥异己的有之，搞团团伙伙、拉帮结派的有之，搞匿名诬告、制造谣言的有之，搞收买人心、拉动选票的有之，搞封官许愿、弹冠相庆的有之，搞自行其是、阳奉阴违的有之，搞尾大不掉、妄议中央的也有之，如此等等。有的人已经到了肆无忌惮、胆大妄为的地步！而这些问题往往没有引起一些地方和部门党组织的注意，发现了问题也没有上升到党纪国法高度来认识和处理"。习近平总书记明确提出："这是不对的，必须加以纠正"。① 作为马克思主义政党，其党员干部必须严格遵守政治纪律和政治规矩。任何时候，都不能放松政治纪律和政治规矩这根弦，更不能拿它当儿戏。

古往今来，任何一个国家和社会，都不可能只讲抽象的自由，不讲法纪。虽然党纪在很多方面都清晰地规范了党员的权利、义务及相关纪律，但是当前仍有些党员我行我素、目无组织纪律，严重地危害了党的形象，比如有的党员、有的地方对党中央的政令采取

---

① 中共中央纪律检查委员会、中共中央文献研究室：《习近平关于党风廉政建设和反腐败斗争论述摘编》，中央文献出版社、中国方正出版社 2015 年版，第 50 页。

实用主义态度，对其有利的就执行，不利的则采取规避态度，甚至出现"上有政策、下有对策"的局面，严重损害到党组织的统一性和凝聚力。

党纪先于国法，党纪严于国法。"严明党的纪律，首要的就是严明政治纪律。党的纪律是多方面的，但政治纪律是最重要、最根本、最关键的纪律，遵守党的政治纪律是遵守党的全部纪律的重要基础。政治纪律是各级党组织和全体党员在政治方向、政治立场、政治言论、政治行为方面必须遵守的规矩，是维护党的团结统一的根本保证。遵守党的政治纪律，最核心的，就是坚持党的领导，坚持党的基本理论、基本路线、基本纲领、基本经验、基本要求，同党中央保持高度一致，自觉维护中央权威"。① 同时要加强党员干部的纪律的教育，提高党员干部的纪律意识，真正地将纪律内化于心，外化于行，做一名合格的守纪律的党员。而党的政治纪律是党的最重要的纪律，是党的全部纪律的基础。习近平总书记在党的十九大报告中强调："重点强化政治纪律和组织纪律，带动廉洁纪律、群众纪律、工作纪律、生活纪律严起来。坚持开展批评和自我批评，坚持惩前毖后、治病救人，运用监督执纪'四种形态'，抓早抓小、防微杜渐。赋予有干部管理权限的党组相应纪律处分权限，强化监督执纪问责。加强纪律教育，强化纪律执行，让党员、干部知敬畏、存戒惧、守底线，习惯在受监督和约束的环境中工作生活。"② 要"把维护党的政治纪律放在首位，加强对政治纪律执行情况的监督检查"。③习近平总书记在党的十九大报告中指出：

---

① 《十八大以来重要文献选编》（上），中央文献出版社 2014 年版，第 131—132 页。
② 习近平：《决胜全面建成小康社会　夺取新时代中国特色社会主义伟大胜利——在中国共产党第十九次全国代表大会上的报告》，人民出版社 2017 年版，第 66 页。
③ 《十八大以来重要文献选编》（上），中央文献出版社 2014 年版，第 131—132 页。

"构建党统一指挥、全面覆盖、权威高效的监督体系，把党内监督同国家机关监督、民主监督、司法监督、群众监督、舆论监督贯通起来，增强监督合力。"[①]

同时，要完善党内法规制定体制机制，注重党内法规同国家法律的衔接和协调，构建以党章为根本、若干配套党内法规为支撑的党内法规制度体系，提高党内法规执行力。党章等党规对党员的要求比法律要求更高，党员不仅要严格遵守法律法规，而且要严格遵守党章等党规，对自己提出更高要求。"加强党内法规制度建设。党内法规既是管党治党的重要依据，也是建设社会主义法治国家的有力保障。党章是最根本的党内法规，全党必须一体严格遵行。完善党内法规制定体制机制，加大党内法规备案审查和解释力度，形成配套完备的党内法规制度体系。注重党内法规同国家法律的衔接和协调，提高党内法规执行力，运用党内法规把党要管党、从严治党落到实处，促进党员、干部带头遵守国家法律法规"。[②]

党的纪律是党内规矩。党规党纪严于国家法律，党的各级组织和广大党员干部不仅要模范遵守国家法律，而且要按照党规党纪以更高标准严格要求自己，坚定理想信念，践行党的宗旨，坚决同违法乱纪行为做斗争。对违反党规党纪的行为必须严肃处理，对苗头性倾向性问题必须抓早抓小，防止小错酿成大错、违纪走向违法。

党的十八大以来，党中央坚定不移地改进作风、惩治腐败、严明法纪，先后重新制定颁布了《中国共产党廉洁自律准则》《中国共产党纪律处分条例》《关于新形势下党内政治生活的若干准则》

[①] 习近平：《决胜全面建成小康社会 夺取新时代中国特色社会主义伟大胜利——在中国共产党第十九次全国代表大会上的报告》，人民出版社 2017 年版，第 68 页。

[②] 《中共中央关于全面推进依法治国若干重大问题的决定》，人民出版社 2014 年版，第 35 页。

《中国共产党党内监督条例》，将从严治党提到了新规格、新高度，推动形成了全面从严治党的新常态。全面从严治党，需要吸收和借鉴延安时期老一辈共产党人的经验和做法，要牢记宗旨，坚定信念，自觉遵守和践行"三严三实"要求，用党纪国法为全面从严治党提供根本保障。要以壮士断腕的决心，下大力气清除党内的腐败堕落分子，纠正党内的不正之风，使中国共产党始终保持先进性，始终紧紧地和人民站在一起，共同推进中国特色社会主义事业的发展。

《中国共产党廉洁自律准则　中国共产党纪律处分条例》合本

《关于新形势下党内政治生活的若干准则　中国共产党党内监督条例》

第三编　价值篇

中国共产党是为人民谋幸福的政党，始终坚持以人民为中心，并把人民对美好生活的向往作为自己的奋斗目标。习近平总书记在党的十九大报告中指出："领导十三亿多人的社会主义大国，我们党既要政治过硬，也要本领高强。"① 新时代我们党要着力增强学习本领、政治领导本领、改革创新本领、科学发展本领、依法执政本领、群众工作本领、狠抓落实本领、驾驭风险本领。只有全面增强了党的执政本领，党的执政地位、领导地位才能更加巩固，党的伟大事业才能取得最终胜利。

---

① 习近平：《决胜全面建成小康社会　夺取新时代中国特色社会主义伟大胜利——在中国共产党第十九次全国代表大会上的报告》，人民出版社 2017 年版，第 68 页。

结束语　加强党的建设必须将弘扬延安精神内化为自觉行为

延安精神具有超越时代和空间的恒久价值。延安精神作为一种精神财富和民族之魂，永远是中华民族的宝贵精神财富，具有跨时代的稳定性和经久不衰的生命力，不会随着时代的变迁、历史的推移而失去其灿烂的光芒和珍贵的价值。中国共产党在陕北的13年，正是在延安精神的旗帜下，建立了中国共产党领导的最广泛的反帝反封建的革命统一战线；正是有了延安精神作为精神动力，中国人民才紧密团结在中国共产党周围，同心同德，众志成城，战胜了国内外敌人，克服了前进道路上的千难万险，取得了新民主主义革命的胜利。半个多世纪过去了，尽管我们党所处历史方位、肩负历史任务、面对的执政环境发生了很大变化，延安精神依然是加强党的建设、推动党的事业发展、实现中华民族伟大复兴中国梦的强大精神支柱，是全面建成小康社会、全面深化改革、全面依法治国、全面从严治党的坚强精神力量。我们要自觉运用延安精神扎实推进全面从严治党，大力弘扬延安精神，让延安精神放射出新的时代光芒。

参考文献

一 著作及文献选编

1. 中共中央马克思恩格斯列宁斯大林著作编译局：《马克思恩格斯选集》（1—4 卷），人民出版社 1995 年版。

2. 中共中央马克思恩格斯列宁斯大林著作编译局：《马克思恩格斯文集》第 3、4、7 卷，人民出版社 2009 年版。

3. 中共中央马克思恩格斯列宁斯大林著作编译局：《列宁专题文集——论无产阶级政党》，人民出版社 2009 年版。

4. 中共中央马克思恩格斯列宁斯大林著作编译局：《列宁选集》第 1、2、4 卷，人民出版社 1995 年版。

5. 中共中央文献编辑委员会：《毛泽东选集》（1—4 卷），人民出版社 1991 年版。

6. 中共中央文献研究室编：《毛泽东文集》（1—2 卷），人民出版社 1993 年版。

7. 中共中央文献研究室编：《毛泽东文集》（3—5 卷），人民出版社 1996 年版。

8. 中共中央文献研究室编：《毛泽东传》，中央文献出版社 2013 年版。

9. 中共中央文献研究室编：《毛泽东年谱》（1893—1949）（上、

中、下卷），中央文献出版社 2002 年版。

10. 中共中央文献编辑委员会：《邓小平文选》（2 卷），人民出版社 1994 年版。

11. 江泽民：《论科学技术》，中央文献出版社 2001 年版。

12. 中共中央文献编辑委员会：《刘少奇选集》上卷，人民出版社 1981 年版。

13. 《毛泽东书信选集》，人民出版社 1983 年版。

14. 中共中央文献研究室：《任弼时年谱》，中央文献出版社 2004 年版。

15. 陈云：《陈云文选》，第 1 卷，人民出版社 1995 年版。

16. 中共中央编译局马恩室：《马克思恩格斯著作在中国的传播》，人民出版社 1983 年版。

17. 中央档案馆：《中共中央文件选集》（10）（11）（12），中共中央党校出版社 1991 年版。

18. 中共中央文献研究室：《延安时期党的重要领导人著作选编》（上、下卷），中央文献出版社 2014 年版。

19. 《张闻天选集》编辑组：《张闻天选集》，人民出版社 1985 年版。

20. 中国中共党史人物研究会：《中共党史人物传》（精选本），中共党史出版社 2010 年版。

21. 中共中央文献研究室：《任弼时传》（第 2 版），中央文献出版社 2014 年版。

22. 中国革命博物馆：《中国共产党党章汇编》，人民出版社 1979 年版。

23. 陕西省档案馆、陕西省社会科学院：《陕甘宁边区政府文件选编》（第 7 辑），中国档案出版社 1988 年版。

24. 习近平:《决胜全面建成小康社会 夺取新时代中国特色社会主义伟大胜利——在中国共产党第十九次全面代表大会上的报告》,人民出版社 2017 年版。

25. 中共中央文献研究室:《建党以来重要文献选编》(第 19、22 册),中央文献出版社 2011 年版。

26. 中国科学院历史研究所第三所编辑:《陕甘宁边区参议会文献汇辑》,科学出版社 1958 年版。

27. 军大政治部编:《现中国的两种社会》,东北书店 1949 年版。

28. 中共中央文献研究室编:《习近平关于协调推进"四个全面"战略布局论述摘编》,中央文献出版社 2015 年版。

29. 人民日报社评论部:《"四个全面"学习读本》,人民出版社 2015 年版。

30. 中共中央文献研究室编:《十七大以来重要文献选编》(下),中央文献出版社 2013 年版。

31. 中共中央文献研究室编:《十八大以来重要文献选编》(上),中央文献出版社 2014 年版。

32. 习近平:《之江新语》,浙江人民出版社 2007 年版。

33. 《中国共产党章程·中国共产党廉洁自律准则·中国共产党纪律处分条例》,法律出版社 2015 年版。

34. 中共中央纪律检查委员会、中共中央文献研究室编:《习近平关于党风廉政建设和反腐败斗争论述摘编》,中央文献出版社 2015 年版。

35. 《中共中央关于全面推进依法治国若干重大问题的决定》,人民出版社 2014 年版。

36. 《关于新形势下党内政治生活的若干准则 中国共产党党内监督条例》,中国法制出版社 2016 年版。

37. 胡乔木：《胡乔木回忆毛泽东》，人民出版社 1994 年版。

38. 成仿吾：《战火中的大学》，人民教育出版社 1982 年版。

39. 郭德宏：《永恒的延安精神》，天津古籍出版社 2005 年版。

40. ［美］埃德加·斯诺：《西行漫记》，董乐山译，生活·读书·
    新知三联书店 1979 年版。

41. 谭虎娃：《延安精神新论》，人民出版社 2015 年版。

42. 中国延安精神研究会等：《论延安精神》，高等教育出版社
    2008 年版。

43. 陈燕楠：《延安时期党的建设研究》，中央文献出版社 2011
    年版。

44. 龚育之、逢先知、石仲泉：《毛泽东的读书生活》，中央文献出
    版社 2003 年版。

45. 向春阶：《列宁晚年思想研究》，湖南大学出版社 2001 年版。

46. 艾绍润、高海深：《陕甘宁边区法律法规汇编》，陕西人民出版
    社 2007 年版。

47. ［美］莫蒂默·艾德勒、查尔斯·范多伦：《西方思想宝库》，
    吉林人民出版社 1988 年版。

48. 黄炎培：《八十年来·延安归来》，文史资料出版社 1982 年版。

49. ［西德］王安娜：《中国——我的第二故乡》，生活·读书·新
    知三联书店 1980 年版。

50. ［美］安娜·路易斯·斯特朗：《斯特朗在中国》，生活·读
    书·新知三联书店 1985 年版。

51. 王建明：《陕甘宁边区法律法规汇编》，三秦出版社 2010 年版。

52. 张希坡、韩延龙：《中国革命法制史》（上册），中国社会科学
    出版社 1987 年版。

53. 黄宏等：《延安精神》，人民出版社 2005 年版。

54. 杨永华:《中国共产党廉政法制史研究》,人民出版社 2005 年版。

55. 武汉延安精神研究院:《延安精神研究》第 1 辑,武汉出版社 2008 年版。

56. 刘光荣主编:《毛泽东的人际艺术》,中共中央党校出版社 1992 年版。

57. 中国延安干部学院:《延安整风与党的建设伟大工程》,中央文献出版社 2010 年版。

58. 陈文胜:《延安时期中国共产党反腐倡廉建设研究》,中国社会科学出版社 2013 年版。

59. 栗洪武:《延安干部教育模式研究》,中国社会科学出版社 2009 年版。

60. 程伟:《延安整风时期的理论教育及其当代价值研究》,中国社会科学出版社 2008 年版。

61. 宋晓明:《中共党建史》(1921—1949),党建读物出版社 1996 年版。

62. 《张思德》编写组:《张思德》,人民出版社 1976 年版。

63. 李琦:《毛泽东与联系群众》,中央文献出版社 2004 年版。

64. 罗平汉:《党史现场②》(延安时期),福建人民出版社 2013 年版。

65. 陈嘉庚:《南侨回忆录》,中国华侨出版社 2014 年版。

66. 中共厦门市委党史研究室:《华侨领袖陈嘉庚》,中央文献出版社 2001 年版。

67. 谭幼萍:《朱德生平研究资料》,中央文献出版社 2013 年版。

68. 吴永:《困境与危局——延安时期中国共产党应对危机研究》,人民出版社 2014 年版。

69. 萧一平：《延安整风运动——回忆与研究》，中央文献出版社 2012 年版。

70. 中国延安干部学院：《党在延安时期局部执政的历史经验》，中央文献出版社 2010 年版。

71. 李世明：《延安精神》，中共党史出版社 2012 年版。

72. 郭亚力等：《全面从严治党——学习习近平党的建设思想论述》，中共中央党校出版社 2015 年版。

二　论文

1. 姚桓：《从严治党规律探析》，《中共杭州市委党校学报》2015 年第 2 期。

2. 陈利军：《苏共亡党对从严治党的历史镜鉴》，《湘潮》2014 年第 11 期。

3. 李慎明：《苏共的蜕化变质是苏联解体的根本原因》，《山东社会科学》2011 年第 7 期。

4. 郑兴刚、苏博：《全心全意为人民服务的延安精神及其实践》，《理论学习》2014 年第 5 期。

5. 杨凤城：《民主革命时期中国共产党认识和对待马克思主义的历史考察》，《高校理论战线》2011 年第 1 期。

6. 吴文珑：《延安时期马列著作翻译与出版的历史考察》，《党史研究与教学》2012 年第 4 期。

7. 白同葵：《论延安整风与马克思主义中国化》，《人民论坛》2011 年第 5 期。

8. 刘晓华、闫立光：《缘起·演进·传承：井冈山精神、延安精神与大庆精神的内在契合性》，《理论学刊》2015 年第 1 期。

9. 王京治：《实事求是重在发展创新》，《中央社会主义学院学报》

2001 年第 5 期。

10. 吴继金：《毛泽东是延安精神的实践者》，《学理论》2015 年第
3 期。

11. 郑兴刚、苏博：《全心全意为人民服务的延安精神及其实践》，
《理论学习》2014 年第 5 期。

12. 黄红平：《建设廉洁政治：从理念到实践》，《廉政文化研究》
2014 年第 4 期。

13. 蔡世忠：《中国共产党延安时期"厉行廉洁政治"的制度设计
考论》，《理论导刊》2014 年第 11 期。

14. 雷青松：《延安时期中共廉洁政治建设考论》，《学术交流》
2015 年第 5 期。

15. 郭文军：《延安时期廉政建设的特点》，《党建研究》1994 年第
4 期。

16. 卜万红、赵蒙蒙：《延安时期廉政文化建设要论》，《廉政文化
研究》2015 年第 1 期。

17. 师乃松：《陕甘宁边区的党风廉政建设》，《党史文汇》2011 年
第 6 期。

18. 胡为雄：《延安精神：中国共产党人永远的精神家园》，《中国
延安干部学院学报》2011 年第 4 期。

19. 石仲泉：《毛泽东与马克思主义政党建设》，《马克思主义与现
实》2011 年第 3 期。

20. 蒯正明、王玉：《列宁关于保持无产阶级执政党纯洁性的思想
与现实启示》，《学术论坛》2012 年第 12 期。

21. 肖纯柏、蔡世忠：《陕甘宁边区是怎样建设廉洁政治的》，《上
海党史与党建》2013 年 11 月号。

22. 柳礼泉：《论坚持艰苦奋斗与实现远大理想的统一》，《科学社

会主义》2008年第1期。

23. 苏振芳：《艰苦奋斗：创业、治党、立国的法宝》,《毛泽东邓小平理论研究》2003年第5期。

24. 辛向阳：《从党面对的四大考验看从严治党的路径》,《理论学刊》2011年第7期。

25. 肖贵清、杨万山：《完善党的制度与密切联系群众常态化》,《中共中央党校学报》2015年第2期。

26. 张荣臣：《习近平党风廉政建设和反腐工作思想梳理——兼论中国共产党从严治党历史经验》,《人民论坛》2015年第4期。

27. 蒯正明：《习近平关于全面从严治党思想研究》,《中国特色社会主义研究》2015年第2期。

28. 梁柱：《严明纪律是从严治党的重要前提》,《中国特色社会主义研究》2013年第3期。

29. 邓如辛、董一潼：《中国共产党"从严治党"的三大创新》,《理论探讨》2015年第1期。

30. 雷云：《全面从严治党是马克思主义执政党建设的核心要义》,《中共杭州市委党校学报》2015年第3期。

31. 成希斌：《延安精神与新世纪党的作风建设》,《陕西师范大学学报》(哲学社会科学版)2004年第6期。

32. 朱佳木：《什么是延安精神的核心以及应当怎样弘扬延安精神》,《毛泽东邓小平理论研究》2010年第10期。

33. 朱志浩：《从推荐学习书目看毛泽东对建设学习型党组织的思考》,《毛泽东思想研究》2012年第2期。

34. 梁柱：《毛泽东倡导全党学马列的理性思考》,《思想理论教育导刊》2013年第5期。

35. 谢国安：《毛泽东思想发展史上的两个高峰对推进马克思主义

中国化的启示》，《广西社会科学》2010 年第 7 期。

36. 朱佩明：《延安时期中国共产党的干部教育及其历史经验》，《求实》2012 年第 3 期。

37. 李瑗：《1949 年以前中共中央党校的干部教育培训》，《理论学刊》2012 年第 12 期。

38. 张剑平、陈剑敏：《调查研究：延安时期推进马克思主义中国化的重要路径》，《河北学刊》2016 年第 2 期。

39. 汪小宁：《延安时期中国共产党社会调查研究的主要成就及经验》，《学术探索》2013 年第 9 期。

40. 刘意：《1941 年毛泽东的调查研究观及当代价值》，《毛泽东思想研究》2012 年第 1 期。

41. 黄筱纯：《毛泽东的调查研究思想与马克思主义中国化》，《毛泽东思想研究》2010 年第 6 期。

42. 詹真荣、张健：《张闻天的调查研究理论述要》，《毛泽东思想研究》2013 年第 6 期。

43. 王纪刚：《毛泽东为人民服务思想的历史考察》，《毛泽东思想研究》2014 年第 6 期。

44. 鲁亦冬：《毛泽东为人民服务思想的来龙去脉》，《毛泽东邓小平理论研究》2008 年第 5 期。

45. 王晓荣、丁晓宇：《任弼时的群众路线思想与实践》，《毛泽东思想研究》2014 年第 5 期。

46. 张海国：《张思德精神的科学内涵及时代价值》，《毛泽东思想研究》2014 年第 1 期。

47. 薛延飞、高尚斌：《延安时期党在"排除万难"中创造辉煌奇迹的经验启示》，《毛泽东邓小平理论研究》2011 年第 7 期。

48. 高尚斌、杨梦丹：《朱德与南泥湾精神》，《毛泽东思想研究》

2007 年第 1 期。

49. 任贵祥：《毛泽东与陈嘉庚交往论略》，《党的文献》2010 年第 2 期。

50. 郭永平：《从延安时期的廉洁政治追寻精神支撑》，《求是》2013 年第 10 期。

51. 吴琼英、李资源：《大力弘扬延安精神 加强党的廉政建设》，《重庆科技学院学报》（社会科学版）2009 年第 6 期。

52. 刘少阳：《弘扬延安精神 加强和改进党的作风建设》，《南昌高专学报》2011 年第 5 期。

53. 李远程、武士俊：《弘扬延安精神 加强党的先进性建设》，《山西高等学校社会科学学报》2006 年第 12 期。

54. 王妮：《论弘扬延安精神与加强党的先进性、纯洁性建设》，《兰州文理学院学报》（社会科学版）2014 年第 2 期。

55. 王有红：《论延安精神与延安时期党的学风建设》，《理论导刊》2013 年第 9 期。

56. 贾治邦：《让延安精神焕发新的光辉》，《求是》2004 年第 14 期。

57. 詹斌：《试论延安精神的基本特征及时代价值》，《青海师专学报》（社会科学版）2000 年第 4 期。

58. 赵兴：《延安精神的时代价值论析》，《江汉大学学报》（社会科学版）2011 年第 5 期。

59. 王艺霖、刘芸瑞：《延安精神的文明创新性及其时代价值提升》，《陕西社会主义学院学报》2013 年第 3 期。

60. 胡钰：《以延安精神培植共产党人的精神家园》，《红旗文稿》2015 年第 11 期。

三 报纸及网络资料

1. 张香山、孙铭：《外国记者看延安》，《解放日报》1946 年 11 月 10 日。

2. 林伯渠：《边区生产展览会是一年来生产斗争的缩影》，《解放日报》1943 年 10 月 13 日。

3. 毛泽东：《国民精神总动员的政治方向》，《新中华报》1939 年 5 月 10 日。

4. 《解放日报》社论：《从肖玉璧之死说起》，《解放日报》1942 年 1 月 5 日。

5. 王德蓉：《朱德：开垦南泥湾 "建立起永久的基础"》，《光明日报》2015 年 9 月 19 日。

6. 习近平：《在党的群众路线教育实践活动总结大会上的讲话》，《人民日报》2014 年 10 月 9 日。

7. 《习近平接受俄罗斯电视台专访》，《人民日报》2014 年 2 月 9 日。

8. 《转型的必要性、必然性与紧迫性》，2013 年 8 月 23 日，人民论坛网（http：//paper. people. com. cn/rmlt/html/2013 – 08/20/content_ 1288084. htm）。

9. 《江泽民强调：结合新实际大力弘扬延安精神》，2002 年 4 月 2 日，新华网（http：//news. xinhuanet. com/newscenter/2002 – 04/02/content_ 341182. htm）。

10. 《延安精神：管党治党的重大理论与实践成果》，2015 年 10 月 17 日，新华网（http：//news. xinhuanet. com/politics/2015 – 10/17/c_ 128328723. htm）。

11. 《第七章 延安时期的法制建设与监督机制》，2016 年 1 月 8 日，秦风网（http：//www. qinfeng. gov. cn/info/2017/110480. htm）。

12. 《习近平：理想信念是共产党人的精神之"钙"》，2014 年 1 月 20 日，新华网（http：//news. xinhuanet. com/politics/2014 – 01/20/ c_ 119051416. htm）。

13. 《习近平：把"三严三实"贯穿改革全过程　努力做全面深化改革的实干家》，2015 年 7 月 2 日，中国共产党新闻网（http：//dan-gjian. people. com. cn/n/2015/0702/c117092 – 27242035. html）。

14. 《习近平论改革落实：切忌等待观望裹足不前》，2015 年 11 月 23 日，中国共产党新闻网（http：//cpc. people. com. cn/xuexi/n/ 2015/1123/c385474 – 27845889. html）。

15. 《习近平：在党的群众路线教育实践活动总结大会上的讲话》，2014 年 10 月 8 日，新华网（http：//news. xinhuanet. com/politics/ 2014 – 10/08/c_ 1112740663）。

16. 王春明：《弘扬延安精神的现实意义》，2014 年 4 月 23 日，中共中央文献研究室网（http：//wxyjs. org. cn/wxzj_ 1/dbzb/201404/ t20140423_ 149167. htm）。

17. 赵耀宏：《延安精神及现实启示》，2015 年 4 月 14 日，共产党员网（http：//news. 12371. cn/2015/04/14/ARTI1428977409680446. shtml）。

18. 《习近平在陕西调研时强调结合新的实际弘扬延安精神》，2009 年 11 月 16 日，新华网（http：//news. xinhuanet. com/politics/ 2009 – 11/16/content_ 12469842_ 1. htm）。

19. 《习近平春节前夕赴陕西看望慰问广大干部群众》，2015 年 2 月 16 日，央视网（http：//news. cntv. cn/2015/02/16/VIDE1424086 01870 1105. shtml）。

20. 《习近平在庆祝中国共产党成立 95 周年大会上的讲话》，2016 年 7 月 1 日，中国新闻网（http：//www. chinanews. com/gn/2016/

延安精神与从严治党

07 - 01/7924310. shtml）。

21. 《习近平在中国共产党第十九次全国代表大会上的报告》，2017

　　年10月28日，中国共产党新闻网（http：//cpc. people. com. cn/

　　n1/2017/1028/c64094 - 29613660_ html.

后　　记

延安是举世闻名的中国革命圣地，是进步青年向往的地方。"它圣在什么地方？圣在延安精神和延安作风"。（彭真：《继承发扬延安精神和延安作风》，《红旗》1986 年第 18 期）从 1935 年到 1948 年，党中央和毛泽东等老一辈无产阶级革命家在这里工作、生活了 13 个春秋。在宝塔山下，延河岸边，孕育形成了延安精神。

《延安精神与从严治党》一书，是"延安精神的时代价值"系列丛书之一本。本书主要从理论篇、实践篇及价值篇三个方面展开研究。理论篇，分析了无产阶级政党的使命与要求，论述了延安精神是多维度从严治党的重要成果，阐述了延安时期党建设廉洁政治的成功举措。实践篇，从丰富的实践活动中展现延安精神对从严治党的作用。重视理论学习，坚定理想信念；开展"实事求是"的实践活动，进行调查研究；践行全心全意为人民服务的宗旨；中央领导及广大军民积极参加大生产运动；从严治党，严惩党内腐败。价值篇，深入挖掘延安精神在从严治党中的重要价值，尤其结合当今社会现状、从严治党的现实需要，吸取延安精神中从严治党的宝贵经验，凸显延安精神的时代价值，以促进党的建设。

本书由任培秦（西安交通大学教授）、樊美玲（西安交通大学博士生，集美大学讲师）、孙梓（西安交通大学马克思主义中国化专业硕士研究生）撰写。任培秦负责全书框架结构的总体设计，

延安精神与从严治党

草拟大纲，并经过三位作者多次讨论、修改确定。三位作者在写作中数易其稿，最终完成。全书由任培秦统稿、定稿，并撰写前言、后记和第一编理论篇，樊美玲撰写第二编实践篇，孙梓撰写第三编价值篇。

本书是陕西省委宣传部与西安交通大学共建马克思主义学院的成果，这一成果是在前期研究——西安市社科基金重大项目（项目号：16F52）"弘扬延安精神与完善从严治党机制研究"的基础上完成。

本书吸纳了研究领域的最新成果及可查到的最新资料，参考了许多专家、学者的研究成果，虽然未能一一注明，但对本书的完成都有借鉴意义，对此深表谢意。本书的出版得到了中共陕西省委党史研究室的鼎力相助和中国社会科学出版社的积极支持，编辑们付出了辛勤劳动，在此一并对他们表示衷心的感谢！

尽管作者为完成本书付出了许多努力，由于学识、能力所限，书中一定存在不尽如人意之处，欢迎专家学者和读者批评指正。

任培秦
2018 年 5 月于西安交通大学